MALDITA POBREZA
SAL DE ESTE HOGAR

LILIANA OLIVARES

LAROUSSE

Dirección editorial:
Tomás García Cerezo

Gerencia editorial:
Jorge Ramírez Chávez

Edición:
Diego Cruz Hernández

Diseño, formación y coordinación gráfica:
Erika Alejandra Dávalos Camarena

Diseño de portada:
Nice Montaño Kunze

Fotografía de portada:
Ricardo Encinas

Ilustración:
©Shutterstock, Inc, ©iku4/Shutterstock.com,
©Sasha Ka/Shutterstock.com
María de Lourdes Guzmán Muñoz

Coordinación de salida:
Jesús Salas Pérez

D.R. © MMXXII E.L., S.A. de C.V.
Renacimiento 180, Col. San Juan Tlihuaca,
Azcapotzalco, México, 02400,
Ciudad de México

PRIMERA EDICIÓN - Cuarta reimpresión

ISBN: 978-607-21-2805-7

Impreso en México – *Printed in Mexico*

Esta obra se terminó de imprimir en enero de 2024,
en los talleres de Litográfica Ingramex, S.A. de C.V.
Centeno 162-1, Col. Granjas Esmeralda,
C.P. 09810, México, Ciudad de México.

En Hachette Livre México usamos
materias primas de procedencia
100% sustentable

Dedico este libro a mi papá,
que me enseñó a soñar.

A Mariano y Matías
por ser mi ancla
en esta vida.

A mi familia,
que me sostiene.

A Alejandro, Edna,
mis prim@s y amigas.

A Cris, que me impulsó
a hacer realidad este libro.

A todos ustedes,
que representan
mi verdadera fortuna.

CONTENIDO

¿Qué piensa la gente del dinero?

Cuando te hacen esta pregunta, ¿qué pasa por tu cabeza? ¿Comienzas a dar importancia a las cosas que te ofrece el dinero? ¿Crees que si tienes mucho dinero tus problemas estarán resueltos? ¿Cuáles de tus sueños están asociados a él? Seguro tiene una carga más grande en tu vida de la que creías; por eso, con este libro quiero que veas el valor del dinero en tu vida y las posibilidades que te abre si lo manejas de una manera correcta.

Te contaré un ejemplo: ¿Alguna vez te imaginaste ganando la lotería? Pues en 2002, Michael Carrol, un recolector de basura, ganó la nada despreciable cantidad de 15 millones de dólares en un concurso. Cualquiera podría pensar que su vida estaba resuelta. Nada de despertarse temprano, ni salir a trabajar; su presente parecía resuelto. Sin embargo, sólo cinco años le bastaron para acabarse toda su

fortuna; la gastó en fiestas, autos, drogas... Esta inercia de no saber cuándo tienes que parar lo regresó a su antiguo empleo.

Por eso, con este libro te daré las herramientas para que consigas darle una estructura al manejo de tus finanzas. Te ayudaré a tener una apreciación diferente del dinero, que te sirva como pauta para saber hacia dónde lo

> **Si queremos sacarle el mayor beneficio a nuestro dinero es hora de encontrar un equilibrio que le dé su lugar.**

estás dirigiendo y qué quieres hacer con él. Olvídate de esas deudas impagables y acompáñame. Vas a conocer una visión completamente distinta del dinero. Comencemos por cambiar nuestra mentalidad para que vaya más allá de sólo tener deudas.

Quiero que reflexiones en las creencias que tienes. Aunque no lo creas, algunas de ellas las aceptamos por imposición o se generaron en nosotros de manera orgánica sin tener un planteamiento claro acerca de nuestras finanzas. Mucho tiene que ver el hecho de que somos una generación a la que no se nos enseñó nada de esto.

Y los mensajes que recibimos desde la infancia pueden tener un impacto en nosotros, forman nuestras creencias acerca de cómo debemos manejar el dinero y lo que significa para nosotros. El problema es que creamos esas ideas sin cuestionarlas. Así que empieza hoy a replantearte cómo manejas el dinero, en qué lo gastas y cuáles son tus prioridades.

Es el momento de darte cuenta de que algunas ideas nos afectan y pueden bloquear los resultados que deseamos. Si queremos sacarle el mayor beneficio a nuestro dinero es hora de encontrar un equilibrio que le dé su lugar.

Lo primero que quiero que hagas es que dejes de verlo como un tabú, basta de tenerlo como un secreto y pensar que no podemos hablar de dinero. Esto bloquea el trato que podemos darle. Empezar a platicar de él está conectado de manera importante con las cosas que queremos en nuestra vida, con la forma en la que nos relacionamos y en la que compartimos con nuestra familia, con la toma de decisiones y con el lugar donde se ubican nuestras prioridades.

Si miramos con detenimiento, el dinero es necesario para realizar nuestras tareas diarias. Está inmerso en los aspectos que giran alrededor de la vida que tenemos y que queremos tener, y por eso es importante colocarlo en el lugar adecuado para conseguir aquello que anhelamos.

Quiero invitarte a reflexionar a profundidad:

¿Qué significa para ti el dinero? ¿Cómo lo ves?

¿Alguna vez has sentido que te causa demasiado estrés?

¿Lo has estirado para llegar a fin de mes?, ¿o dejas que tus problemas de dinero se resuelvan en el día a día?

Es el momento de averiguar cómo eres con respecto al dinero. ¿Qué pasaría si logramos darle otro significado, si comenzamos a manejarlo de otra manera, con otro orden y otras ambiciones? Porque eso representa otra manera de cuidarnos, de generar salud financiera para utilizarlo sin que tengamos que abandonar nuestros sueños, y si un día quieres comprarte ese reloj o esa bolsa, lo puedas hacer sin problemas.

" ES EL MOMENTO DE IDENTIFICAR LO QUE REALMENTE ES IMPORTANTE PARA TI. "

SHUT UP AND...

TAKE MY MONEY

LAS CREENCIAS SOBRE EL DINERO EN OTRAS CULTURAS

¿Cómo se habla del dinero en otras partes del mundo? ¿Qué pasa en otras culturas, lo aprecian igual que nosotros? Como te dije antes, nuestras creencias pueden estar relacionadas con pensamientos que no son nuestros; por eso...

> **voy a ampliar la fotografía para que sepas en dónde estás parado y puedas darle una dirección a la forma en que manejas el dinero.**

Estás parado sobre mí

Nuestro viaje comienza en Suecia, y por increíble que parezca, ahí también es un tabú hablar de dinero. Es interesante ver cómo se están rompiendo los pensamientos que limitaban esta conversación y cómo la sociedad se está dividiendo entre los que encuentran ventajas en no hablar de dinero y los que tienen inconvenientes en que se siga manteniendo en secreto. Y es que muchas personas todavía consideran que el dinero es un tema de conversación incómodo. ¿Te suena?

Sucede hasta en las ciudades más ricas, como Estocolmo u Östermalm, que son los lugares donde se encuentran las propiedades más caras del país. Lo interesante es que cuando alguien trata de hablar sobre el monto de su sueldo en una conversación normal, suelen callarlo con comentarios como: "Oye, eso es información confidencial". Evitan el tema a cualquier costo.

Y es increíble, porque el entorno económico de ese país es de los más equilibrados; sus ingresos respetan cierta igualdad en términos globales. Y creencias que podríamos ver en Estados Unidos, como la relación entre el éxito y los ingresos no se dan en territorio sueco. Sólo suelen abordarlo con timidez. Se sienten más cómodos hablando de sexo que de cuánto ganan al mes. Igual que en Latinoamérica, el tema del dinero es uno de sus grandes tabúes.

> **"Los suecos se sienten más cómodos hablando de sexo que de cuánto ganan al mes. Igual que en Latinoamérica, el tema del dinero es uno de sus grandes tabúes."**

Para ellos, este comportamiento tiene un nombre: *jantelagen*, que es una serie de leyes impuestas que dicen que todos son iguales en la sociedad y que nadie puede creerse superior a los demás. Es una regla social que les pide a sus habitantes no ser llamativos ni presumir cosas innecesarias; es una forma de eliminar los juicios que pueden formarse dentro de su entorno. Ésta es una creencia que se expande a lo largo de toda la sociedad nórdica.

Cuando las personas comparten el mismo estatus económico ocurre algo muy interesante: pueden hablar con mayor libertad y platicar de las casas que tienen y de cuáles son sus autos. Esto hace que busquen amigos con similar nivel de ingresos. No es algo que platiquen con extraños que acaban de conocer.

¿Qué tanto se parecen a nosotros?

¿Hablas de dinero con tus amigos, con tu pareja?

Sin duda, son costumbres que nos hacen pensar sobre la manera que tenemos de relacionarnos con el dinero.

Pasemos a otra parte del mundo: Japón. Ahí encontramos otras costumbres; sus habitantes se caracterizan por el trabajo duro y la buena administración de sus recursos. Pero, ¿de dónde vienen esos valores? A diferencia de otros países (México), los japoneses comienzan a hablar de dinero desde la infancia. Ellos tienen una palabra que se enseña desde el kínder: *ganbaru,* este término transmite gran parte de los valores y principios de la cultura japonesa. Su significado gira alrededor del concepto de darse ánimos para conseguir lo que se desea. Es una palabra que implica perseverar, aguantar o sobreponerse a las dificultades y obstáculos que se presentan en la vida. Esto sin duda tiene que ver con la relevancia que le dan a sus principios, con la manera en que estructuran sus prioridades y a qué cosas les dan importancia.

Sin embargo, al igual que los suecos, los japoneses suelen guardar las apariencias en público, tienen la creencia de que si no son discretos, podrían desprestigiar su estatus o dañar la imagen pública de sus conocidos. Es una cultura que piensa en el respeto; sienten un deber con la jerarquía social de las personas mayores. Con esto puedes valorar tus creencias:

> **¿Asocias el dinero con un estatus? Hay que saber distinguir entre tener éxito y tener dinero.**

LOADING...

Ahora, nos dirigimos con los alemanes. Ellos tienen su propio modelo para acercarse al dinero. Son considerados personas sumamente ahorradoras. ¿A qué se debe esto? Viene de una tradición que nace en los años cuarenta con el partido nazi. Adolf Hitler quería proponer una "nueva costumbre alemana" que se opusiera a la visión del dinero que tenían los judíos y a sus créditos bancarios con los que buscaban tener una mejor posición en los mercados. Sin embargo, con su derrota en la Segunda Guerra Mundial tuvieron grandes problemas económicos que se extendieron a lo largo del país. Tuvo que pasar el tiempo para que la gente pudiera recuperarse, pero la palabra deuda ya se había instalado en la mentalidad de los alemanes.

Esto cambió su filosofía del dinero y la manera en que lo administran. Aprenden a ahorrar desde niños y cuando son adultos no les cuesta trabajo continuar haciéndolo. Integran el ahorro de manera orgánica en sus rutinas. Y claro, esto tiene sus ventajas sobre todo cuando planean irse de vacaciones. Sólo gastan el presupuesto asignado y disfrutan sin pensar si están haciendo gastos que puedan desajustarlos económicamente.

También comparten una visión particular a la hora de comprar un auto. Prefieren adquirir uno usado y que sus ahorros sigan creciendo.

Rara vez pagan por algo que exceda el precio de seis salarios mensuales. Además, suelen tomar nota de todos sus gastos para llevar un control de su presupuesto.

> **Los alemanes aprenden a ahorrar desde niños y cuando son adultos no les cuesta trabajo continuar haciéndolo.**

Por último, hablaremos de Estados Unidos. Lo primero que haré será romper esa creencia de lo que significa "El sueño americano". Al principio, ese concepto tenía un propósito diferente, su intención era transformar el país y que todos sus habitantes tuvieran acceso a justicia social e igualdad económica; sin embargo, terminó ajustándose a otro tipo de valores que enaltecen la riqueza.

¡Hasta la vista, pobreza!

En la actualidad es visto como un símbolo de éxito individual, y se cree que cualquiera puede llegar a EUA y cambiar el rumbo de su vida. Esto fomenta que comencemos a medirnos a partir del estatus y del reconocimiento que tenemos, y al final sólo importa qué tan influyente eres y cuántas puertas puede abrirte el dinero. Por eso, quiero que con este libro comiences a cuestionar todas esas creencias y que distingas cuáles sí van con tu manera de pensar.

Para eso puedes hacerte algunas preguntas que pueden servirte para saber cuál es la importancia que tiene el dinero en tu vida:

¿Soy exitoso si tengo mucho dinero?

¿Depende de él mi satisfacción?

¿Cuáles son los sueños que quiero hacer realidad con él?

Cualquiera que sea la respuesta, debemos entender que no hay bueno ni malo, sino que lo importante es entender las peculiaridades de este recurso y aprender a hablar de él.

Es momento de reflexionar y cuestionar cuál ha sido tu educación acerca del dinero. Con qué valores has crecido y cómo están conectados en tu cabeza. ¿A dónde piensas caminar con él?

¿QUIÉN ES LILIANA Y DE DÓNDE NACE ADULTING?

Soy originaria de la Ciudad de México. Antes de entrar al mundo de las finanzas estudié teatro en Bellas Artes. Me convertí en mamá muy joven y estuve trabajando en varios lugares relacionados con la administración de empresas. Con el tiempo vi que eso me gustaba y decidí comenzar una carrera en Negocios Internacionales, para finalmente crear mi proyecto, mi empresa: Adulting.

Pero empecemos la historia de manera correcta, todo a su tiempo. Como te dije, me convertí en mamá muy joven, tenía 17 años cuando me embaracé. Para mi familia, sobre todo para mi mamá, fue muy complicado, pensaban que esa decisión arruinaría mi vida, que iba a dejarme sin expectativas o que no podría salir adelante.

Para mí era diferente, pensaba: "Ok, puede ser difícil, pero vamos, no estoy acabando con mi futuro, no estoy abandonando mis sueños; es complicado, pero puedo con esto". Siempre he sido alguien resiliente, cuando hago algo que me gusta doy todo para que esté bien hecho. La verdad, nunca pasó por mi cabeza que no lo lograría, no era una opción para mí, aunque hubiera carencias económicas nunca hubo imposibles.

Durante todo ese proceso me acompañaron personas que siempre estuvieron conmigo. Sin ellas no hubiera logrado nada de lo que tengo hoy; me dieron su confianza y me permitieron

crecer. Empecé desde abajo, trabajando con el dueño de un bar, y administrándolo: tenía que conciliar comandas y dárselas al contador.

> **Siempre he sido alguien resiliente, cuando hago algo que me gusta doy todo para que esté bien hecho.**

Cuando empecé la vida adulta, lo hice de forma muy ignorante, y cuando viví sucesos fuertes, como la muerte de mi papá, la hospitalización de mi hijo al nacer, decisiones irresponsables previas, etcétera, mi vida financiera colapsó. Después de miles de deudas al banco, al hospital, a la familia, a los amigos, a 14 tarjetas de crédito, decidí que tenía que cambiar mis hábitos financieros. Hice conciencia de que si ya tenía experiencia en el trabajo, administrando empresas, ¿por qué no lo aplicaba a mi vida personal?

Y comencé con un cuadro de Excel, que ahora utilizo en Adulting. En ese momento de mi vida empecé a hacer una metodología que me diera claridad de cómo salir de deudas y mejorar mis finanzas. Después de 7 años de ponerlo en práctica fue cuando decidí lanzar Adulting.

Antes de convertirnos en una empresa, mis primeros "clientes" fueron unos primos. Uno de ellos se acercó conmigo para preguntarme: "¿Cómo le hiciste para darle equilibrio a tu dinero?". Le contesté que después de muchas experiencias, lo que más me había funcionado fue haber aplicado la metodología que había creado. Le expliqué el procedimiento, cómo aplicarlo, y listo, comenzó a utilizarlo en su día a día. Cuando volvimos a vernos estaba emocionado, me dijo que había salido de sus deudas y que por primera vez comenzaba a ahorrar.

Fue entonces cuando me di cuenta de que podía dar tutoría a las personas y enseñarles hábitos que fortalecerían sus finanzas. Me dije:

"¿Por qué no pongo una empresa que ayude a la gente a entender estos procedimientos y para que puedan contar con alguien que les enseñe en estos temas de adultos.

Tuve claro dónde continuar mis sueños; decidí comenzar mi empresa, poner en práctica todo lo que sabía de administración y presupuestos y aplicarlo en este proyecto. Para eso busqué a las mejores personas que se pudieran integrar. Y la aventura comenzó a principios de 2018, y para el 6 de julio, sólo seis meses después, ya estábamos pensando en el *branding*. Necesitaba gente *supertop* que me ayudara en esto. Arranqué con poquito dinero, cobré todos los favores que había hecho en mi vida, a quienes les había prestado dinero; ahora yo necesitaba de ellos. Me ayudaron a echar a andar Adulting.

Tuvimos nuestra primera conferencia el 5 de julio, hablamos de finanzas para *millennials*; fue ahí donde encontramos nuestro nicho: la generación con menos educación financiera.

Adulting, si no saben, significa el dolor de crecer. Me pareció el mejor nombre para la empresa que quería fundar.

Todos los días me duele crecer, pero también voy descubriendo cosas que están en mi control y que puedo disfrutar. En Adulting nos damos cuenta de que los jóvenes no hablamos de dinero lo suficiente, sobre todo porque no nos atrevemos a preguntar. Nos parece mal hablar de ello y no cuestionamos eso.

Con este libro quiero que encuentres calma, para que aprendas a conseguir tus metas y te preguntes cuál es tu relación con el dinero y dejes la toxicidad que tienes con él, la cual puede convertirse en una de las cosas más insanas que puedes llegar a tener. Tengamos relaciones sanas con nuestras finanzas y nuestra economía.

"**ADULTING,
SI NO SABEN,
SIGNIFICA
EL DOLOR DE
CRECER. ME
PARECIÓ EL
MEJOR NOMBRE
PARA LA EMPRESA
QUE QUERÍA
FUNDAR.**"

¿QUÉ ENCONTRARÁS EN ESTE LIBRO?

¿Cómo vives y convives con el dinero hoy?

Es hora de sacar cuaderno y pluma. Vas a contestar estas preguntas para dar un orden a tu cabeza, a tus pensamientos y a tus creencias.

● ¿Cuántas veces piensas en el dinero?

_____

_____

● ¿Qué sientes cuando piensas en dinero?

_____

_____

● ¿Cómo te expresas cuando hablas de tu dinero?

_____

_____

● ¿Evitas hablar de dinero?

_____

_____

● ¿Qué significa para ti tener finanzas estables?

_____

_____

Nuestras finanzas personales empiezan con la relación que tengamos con el dinero; puede ser tan tóxica o tan sana como salir con tu ex, o puede ser que cuando te sientas triste decidas comprar algo para sentirte mejor, o que cuando estés feliz quieras gastar en algo para festejarte, o que creas que si no tienes cosas no estás logrando el éxito que proyectaste.

Estas preguntas no las hacemos tanto como deberíamos. Anota tus respuestas en una hoja. Quiero que tengas claridad en lo que estás pensando.

¿Tener más dinero te hace más valioso?

_____

_____

_____

_____

_____

_____

¿Es algo que evalúas constantemente en la gente para saber si puedes relacionarte con ella?

_____

_____

_____

_____

_____

_____

_____

_____

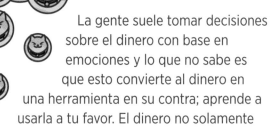

La gente suele tomar decisiones sobre el dinero con base en emociones y lo que no sabe es que esto convierte al dinero en una herramienta en su contra; aprende a usarla a tu favor. El dinero no solamente es algo que nos genera miedo o angustia, también puede traernos alegría y felicidad si conocemos sus fortalezas; debes analizar y mirar lo que se te ha inculcado desde pequeño, ¿Es eso en lo que crees?

Otra pregunta importante en la que deberás indagar es:

¿Para qué usas el dinero?

Normalmente, donde has gastado más es donde están tus prioridades. Piensa en lo que es vital para ti. Pon en perspectiva las cosas que quieres y las cosas que crees que quieres. Trata de analizar tus gastos porque muchas veces usas el dinero para cosas inmediatas, y no lo empleas para construir tu patrimonio.

Toma el tiempo necesario, haz una pausa y piensa: ¿Dónde están tus prioridades? Si piensas en que quieres ser millonario, tener un carro de lujo y comprar el mejor reloj, pero gastas tu dinero en "chelas", entonces tus ideales no están alineados con lo que dices que te importa. Quiero que uses el dinero en lo que verdaderamente te va a dar lo que quieres lograr, que pienses en tus metas a futuro.

Historia de familia

En casa no se hablaba de dinero, era algo de lo que sabíamos muy poco, pero rodeaba muchos temas familiares como un secreto a voces del que nadie quería hablar. Como ya había mencionado, nací en la Ciudad de México, en una familia de clase media. Mi papá era psicólogo y mi mamá, ama de casa. Él, era muy idealista, y le importaba que siguiera mis sueños, y ella, en cambio, es más centrada y tiene los pies en la tierra; en esa época era la que resolvía.

Hubo una época en la que nos fue muy bien económicamente, pero mi papá tomó malas decisiones financieras y después nos fue muy mal. Para nosotros hubo un antes y un después, sin mencionar la devaluación del 94, que cambió nuestras vidas.

¿Sus papás les hablaron de dinero cuando eran pequeños? A mí no me dijeron qué estaba pasando. Sin embargo, me dejaron trabajar desde chiquita; tenía ocho años y podía ir a ayudar a la señora de la tienda. Recuerdo que me pagaba diez pesos, pero nadie me explicaba qué hacer con ese dinero. En mi familia nunca me explicaron nada, y esto me hace pensar: ¿Cómo podemos hablar de dinero con los niños? ¿Qué tiene que pasar para que podamos hacer eso de manera cotidiana?

Cuando comenzamos a tener problemas de dinero, me llamaron de la dirección de la escuela para pedirme que les dijera a mis papás que se habían atrasado con el pago de la colegiatura. A pesar de que sentíamos que algo pasaba, a mi hermana y a mí nunca nos faltó nada.

" ... tenía ocho años y podía ir a ayudar a la señora de la tienda. Recuerdo que me pagaba diez pesos, pero nadie me explicaba qué hacer con ese dinero. "

El divorcio de mis padres llegó durante mi adolescencia; en casa lo vivimos con normalidad, pero nosotras sabíamos que entre las cosas que lo detonaron estaban los temas económicos. Esta etapa dejó un *background* en mí, me construyó como persona: entendí el poder que tienen las decisiones y cómo impactan en la vida.

Recuerdo que en esos momentos decidí que quería actuar, tenía trece años y mi mamá me decía que iba a morirme de hambre, que buscara otra cosa que dejara dinero. Pero no le hice caso, y cuando llegué a la preparatoria tenía muy claro cuál iba a ser el plan: mientras hacía mi carrera de teatro iba a terminar la prepa.

Mi sueño era que a los 18 tuviera mis estudios de teatro y mi preparatoria terminados. Con eso podría dedicarme desde muy joven a la actuación y si no la armaba podía seguir estudiando; era el plan perfecto. Sólo que, para hacer esto, mi mamá me puso una condición: si bajaba mi promedio en la escuela, me sacaría del teatro. Acepté y pude hacer ambas cosas a la vez.

El problema es que no sabía en lo que me estaba metiendo, fue una locura, apenas si tenía tiempo: estudiaba de siete a cuatro en la prepa, y al salir de ahí me iba corriendo para llegar a las cinco a las clases de teatro, que terminaban a las dos de la mañana. No había pensado en las horas que invertiría en los ensayos. No recuerdo otro momento de mi vida que sea tan ajetreado como ése.

Y entre todos los cambios que pasaron en esa etapa de mi vida, conocí a Víctor. Él estudiaba música, nos conocimos en la escuela de teatro y comenzamos una relación, nos amábamos. Mi mamá lo odiaba; era todo lo que no quería para mí. Para ella, él no tenía nada que ofrecerme. Pero de todas formas nos veíamos y pasábamos mucho tiempo juntos. En ese momento empecé a sentirme muy cansada y apenas tenía 17 años; yo pensaba que era una especie de *burnout* por todo el esfuerzo que estaba haciendo, así que fui al doctor para ver qué me estaba pasando. Mi vida me tenía otra sorpresa: el doctor me dijo que estaba embarazada. Lo primero que pensé fue: "Esto no tendría que haber pasado". Yo era una niña de casa bien como para salir con una historia así en la familia. Pero la aventura apenas comenzaba, y tendría que replantearme muchas creencias, sobre todo, dejar de ser niña para entrar en la adultez.

¿CON QUÉ PERCEPCIÓN CRECISTE CON RESPECTO AL DINERO?

Es hora de que mires cómo te relacionas con el dinero, cuáles son tus creencias, porque la forma en que nos relacionamos con él es el tipo de vínculo que generamos, y si podemos crear lazos fuertes con él desde pequeños, cuando seamos adultos nos va a costar menos trabajo integrarlo a nuestra vida.

Este apartado trata de hablar sobre el dinero más allá de nuestras necesidades y deseos, no como un instrumento de pago, sino como algo que tenga un valor personal para ti y se vuelva algo de lo que puedes conversar sin prejuicios. Verás que tu relación con el dinero se construye desde nuestra familia, la sociedad, la forma cómo nos criaron, los valores que con el tiempo le vamos otorgando y lo que significa para ti.

Hoy es un buen momento para preguntarte cómo percibes el dinero y cómo lo vas a heredar. Por eso, te daré buenos *tips* sobre cómo hablar a los niños acerca del dinero, para que comiencen desde ahora a conocer su valor.

EDUCACIÓN FINANCIERA EN CASA

Tips para niños

Hay temas que solemos evitar con las criaturas más pequeñas porque creemos que no es el momento de acercarlos a ellos. Esto sucede cuando hablamos de dinero. Sin embargo, si evitamos estas conversaciones no los estamos preparando para el futuro. Si podemos apoyarlos desde ahora para que mañana no se quiebren la cabeza, ¿por qué no ponemos manos a la obra?

Puedes aprovechar su edad temprana para inculcarles aprendizajes, valores y conceptos que en la mayoría de los casos aprendimos sobre la marcha. Puede parecer que instruir a los niños en el mundo de las finanzas es más complicado de lo que realmente es, pero no hay mejor momento para formar creencias fuertes, que les ayuden y los apoyen a crecer con una idea más clara de lo que significa el dinero y cómo tiene que usarse.

No quiero que pienses en un plan complicado, puedes comenzar enseñándoles cómo manejas tú tus finanzas. Calma, en este libro veremos paso a paso cómo generar hábitos que te den resultados y puedas enseñárselos desde ahora.

¿Bancos?

¿Ahorro?

¿Estudios?

Supertop 5 de educación financiera para niños

1 Ten en cuenta que así como se nos habla y se nos educa para generar hábitos saludables con nuestro cuerpo, puedes enseñar a tus hijos cómo manejar el dinero; esto tiene la misma importancia que su nutrición o pedirles que tengan cuidado cuando un extraño se acerque.

Ojo. No desaproveches este momento para inculcar estos aprendizajes, de manera que sean parte de su vida desde temprano.

2 Habla sobre el tema del dinero, ¡sin excusas! Despertar su interés puede ser un buen comienzo.

Ojo. Les recomiendo que lo hablen en pareja para decidir qué temas tocar y cómo.

3 Escúchalos y resuelve sus dudas y cuestionamientos. Ellos tendrán preguntas acerca del dinero, pero ten en cuenta que no serán las que te interesen a ti y quizá no tengan nada que ver con las ideas de cómo ganarlo o cómo ahorrarlo.

4 Descubre qué le interesa a tu hijo para que puedas encontrar un punto de partida y hablar sobre el tema.

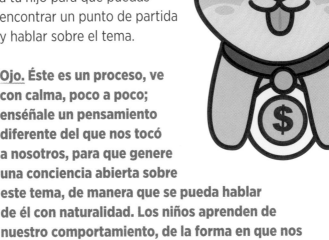

Ojo. Éste es un proceso, ve con calma, poco a poco; enséñale un pensamiento diferente del que nos tocó a nosotros, para que genere una conciencia abierta sobre este tema, de manera que se pueda hablar de él con naturalidad. Los niños aprenden de nuestro comportamiento, de la forma en que nos expresamos, escuchan cómo decimos las cosas.

5 Fomenta valores acerca del dinero que no tuvimos nosotros, para que aprendan a cuidar lo que tienen, eviten gastos innecesarios y conozcan la diferencia entre caprichos y necesidades; es una edad importante para mostrarles que si ahorran pueden acceder a beneficios.

Ojo. Nuestro trabajo es incluir a los chicos en la organización financiera, de modo que tengan las herramientas necesarias para llegar a la madurez fuertes y seguros. No tengamos miedo y enseñémosles cómo aprovecharlo, cómo convertirlo en una fortaleza en sus vidas con la que puedan planificar sus gastos y comenzar sus ahorros.

PRIMEROS ACERCAMIENTOS Y CUENTAS DE BANCO

Es bien importante tener herramientas para hablar con los niños y que comiencen a aprender sobre: cómo manejar su dinero, qué es ahorrar y cómo el dinero puede ser un instrumento que los acerque a sus sueños. Así que toma nota, ya que te daré unos consejos que pueden servirte para despertar su interés en esta edad.

Consejo número uno:

Te recomiendo normalizar hablar de dinero y decidir el rol que va a jugar en sus vidas; de esta forma los niños crecen con una idea clara de lo que es, sin caer en los tabúes. A mí me tocó vivirlo como un secreto, no era una conversación en la que participáramos, sólo lo escuchábamos desde un punto de carencia cuando nos llegaban reclamos de pago. Eso sí lo viví.

Puede ser complicado normalizar que el dinero existe o que entiendan desde pequeños que es una herramienta para ayudarlos a realizar su proyecto de vida. Entonces, ¿cómo hacemos este acercamiento? Lo primero que debe pasar es tener una conversación que explique para qué sirve y qué quieres que aprendan de él.

Enseñarles la relación emocional que van a tener con el dinero es importante para su crecimiento. Es básico que entiendan que el dinero sólo les pone precio a las cosas y no tiene nada que ver con su éxito ni

Esto pasa muchísimo en México, donde se ve cómo la gente con dinero sólo es respetada por tenerlo. Por eso tenemos que repensar cómo hablamos de él con nuestros hijos. En mi caso, me tocó que me dijeran que estudiara algo que me dejara dinero, pero siempre hay que considerar que los chicos pueden tener un punto de vista

diferente. Por eso, te invito a que platiques con ellos desde otra perspectiva y que entiendas que pueden vivir haciendo lo que les gusta, lograr sus pasiones y tener la vida que quieran.

Consejo número dos:
otro punto importante es el vocabulario que utilizamos. Piensa en cómo vas a hablarles; ellos están aprendiendo de nuestra forma de comunicarnos; cuando nuestros hijos están pequeños no tienen otro *role model;* nosotros somos quienes les colocamos las expectativas de lo que deben ser. Y si logramos que identifiquen el dinero como una herramienta, todo va a girar de manera más fluida y sana.

Hay que dejar de creer que hablar de dinero con los niños es malo. Si logramos que lo vean como algo orgánico, con el tiempo les resultará tan natural como tomar agua o decirles que tienen que dormir bien.

Dejemos de cargar con ese nivel de negatividad, muchas veces he escuchado que desear tener más dinero está mal.

> **Hay que dejar de creer que <u>hablar de dinero</u> con los niños es malo.**

Consejo número tres:

¿Cómo podemos enseñar a los hijos el valor del dinero? Lo primero que te recomiendo es trabajar en la relación entre el esfuerzo y la recompensa. Esto hay que hacerlo de forma normal, en nuestro día a día, para que lo integren en su vida. Puedes comenzar explicándoles que su trabajo es recompensado con X cosa, el premio lo pones tú.

Es preferible que las primeras lecciones sobre esfuerzo y recompensa sean 100% emocionales, por ejemplo: si ellos tienen que ayudar en tareas del hogar, dales como premio un poco más de tiempo para jugar. Con esto, los niños entienden que no todo tiene que ver con un premio económico y aprenden a reconocer la sensación de logro en los detalles habituales.

Reforzar estas tareas les ayuda a reconocer lo que están sintiendo, y sobre todo que la emoción es producto de su trabajo. Recomiendo iniciar esta práctica a una edad temprana, por ejemplo, a partir de los cinco años.

Una vez que volvemos habitual este paso, llegó el momento de introducir las recompensas monetarias. Considero que sea a los 10 años. Esto les da a nuestros hijos la oportunidad de pensar que si ya hacían las cosas de manera natural desde los cinco años, ahora les pagan por hacerlo y reciben un estímulo extra. Descubren que el límite es el cielo, sobre todo cuando sus talentos se ven recompensados.

En esta etapa tu hijo es responsable de la forma de manejar ese dinero; claro, tienes que guiarlo cuando quieras brindarle los valores del ahorro: le recuerdas que tiene que ahorrar el 30% de lo que está ganando. Los niños no lo van a entender como nosotros lo entendimos a los 25 o 40 años. Para nosotros ya existe un prejuicio sobre el ahorro, pero para ellos es bueno acostumbrarse desde pequeños y lo van a comprender muy bien.

Esta enseñanza es muy importante, porque ellos pueden entender que están juntando su dinero para comprarse lo que quieran: desde un dulce hasta salir con sus amigos. Nosotros somos quienes tenemos que comprender las consecuencias positivas de que aprendan a ahorrar. En ese momento de la vida de los chicos esta acción es indolora y pueden aprender a disfrutar de su dinero. Por ejemplo, si ganan 10 pesos por limpiar su cuarto, sólo pueden gastar 7 pesos y destinar el resto a un proyecto futuro. Lo que buscamos es que entiendan el beneficio que van a gozar después de haber ahorrado.

> **Lo que buscamos es que entiendan el beneficio que van a gozar después de haber ahorrado...**

La siguiente cuestión que quiero mencionarte es que empieces a enseñar a tus hijos a ver en qué lugares pueden ahorrar.

En México hay muchas cuentas bancarias en las que pueden comenzar a ahorrar; la primera que les recomiendo está en Scotiabank y se llama Scotia Cool. Pueden abrir una cuenta con $500 pesos, que es una cantidad un poco alta, pero les dan intereses por sus ahorros. Los niños van a entender y se van a emocionar cuando les llegue más dinero sin haber hecho nada; además, cuenta con un seguro de vida.

Otra opción la ofrece HSBC y se llama Flexible Menores. La pueden abrir chicos de 0 a 21 años y tiene la ventaja de que la solicitas desde 1 peso.

La tercera cuenta que pueden abrir la ofrece BBVA. Es para clientes de 0 a 18 años. Se llama BBVA *Linkcard* y cuenta con una app a través de la cual puedes transferirles dinero.

Otro producto que quiero enseñarte es cetesdirecto niños, con el que puedes enseñar a tus hijos a invertir. Pueden abrir la cuenta desde 10 pesitos, y en un mes van a ganar 1 peso; ellos van a ver la nobleza de ese pesito ganado. Es un buen consejo para llamar su atención y que aprendan a tener una relación sana con su dinero.

Mis primeros ingresos

Cuando empezamos a ganar dinero, algo que solemos perder de vista es saber cómo administrarlo. Desde el primer minuto en que lo tienes eres responsable de distribuirlo, pensar en tus beneficios y sacarle el mejor provecho.

En mi caso, hubo un tiempo en que se me fue de las manos. En ese entonces me había quedado sin trabajo y estaba buscando uno. En una reunión familiar, tuve la suerte de encontrarme con una pariente que buscaba una asistente. Pero no tenía currículum, así que fui con mi papá para que armáramos uno como si yo tuviera toda la experiencia del mundo.

Recuerdo que para la entrevista nos quedamos de ver en la Casa de los Azulejos. Yo quería ir espectacular y compré un vestido nuevo precioso, que obviamente no podía pagar. Pensaba: voy a vestirme para el trabajo que quiero, no para el que tengo. Ya sabes, iba con mucha presencia e imagen, me veía perfecta. Y cuando comenzamos a platicar mentí en todas las preguntas, porque, claro, yo podía con todo.

Cuando le dices a alguien que estás casada y tienes hijos se crea un concepto de responsabilidad mayor, que nadie te va a cuestionar. Me vio con tanta confianza que conseguí el empleo. Me pagaban 600 dólares al mes y 10 dólares más de comida. Era muchísimo dinero y me volví loca: cambié completamente, era supermamona, materialista, podía comprarme lo que quisiera, me la creí y se me subió al máximo.

Este nuevo trabajo era en modalidad *home office*, así que podía estar todo el tiempo con mi hijo. Yo no sabía lo que hacía y lo resolvía sobre la marcha; lo primero que me pidieron fue conseguir un departamento en Polanco para mi jefe. Era muy claro y se notaba que yo todavía estaba muy verde, cometía muchos errores y después de seis meses me mandaron llamar a la oficina del dueño. Me dijo: "Eres muy lista, pero te falta todavía y no tengo tiempo para tus equivocaciones". Así que me despidieron, dándome 6 meses de mi sueldo.

¿Sabes para qué usé ese dinero? Lo usé para irme de viaje; hablé con mi mejor amigo, que estaba estudiando en París. ¿Y por qué no irme para allá en mi cumpleaños? Tenía veinte años y nadie me había hablado de ahorrar; yo quería vivir mi vida, así que compré un boleto de avión para el día siguiente. Por ello, el vuelo fue caro y con eso me gasté la mitad del dinero que me dieron. Lo primero que pensé al llegar allá fue: ¿Qué voy a comer en estos días? Obviamente, me gasté todo en un minuto.

Llegó mi momento de reflexión, mi amigo me dejó su departamento para irse a Montecarlo y tuve un espacio para pensar. Me di cuenta de que había gastado todo mi dinero y no sabía cuándo encontraría otro trabajo. Ese mismo día empecé a enviar currículums, tuve suerte y una señora habló conmigo y me dijo que tenía trabajo para mí. Pero me estresé muchísimo porque yo seguía en las Europas y no sabía cuándo iba a regresar.

Esto es algo que no volvería a hacer, no lo repetiría si eso implica quedarse sin ahorros. Me di cuenta de que no pensaba en el futuro y que para mí sólo era importante vivir el presente. Lo que me importaba como adolescente era solucionar el ahora. Aprendí que tenía que aprender a distribuir el dinero con inteligencia, tenía que definir mis prioridades y entender que el dinero siempre viene con responsabilidades. Hay que pensar en él como una herramienta que puede ayudarnos a abrir posibilidades; para eso hay que definir hacia dónde lo estás dirigiendo y enfocar qué vas a hacer con él. Hay que entender como adolescentes que existe el futuro y debemos empezar a mirar hacia él aunque esto implique tomar decisiones que no quieras; esto es parte de crecer.

> **Aprendí que tenía que aprender a distribuir el dinero con inteligencia, tenía que definir mis prioridades y entender que el dinero siempre viene con responsabilidades.**

¿CÓMO PAGO MIS ESTUDIOS?

Pensando en el futuro, hablaré de las opciones que puedes utilizar para pagar tus estudos. En México contamos con créditos educativos muy accesibles; no es como en Estados Unidos, donde la gente cumple cincuenta años y sigue pagando su universidad. Hoy tenemos las tasas más bajas a nivel mundial.

Entre las opciones que puedes utilizar están:

Jóvenes Escribiendo el Futuro: Es un apoyo que ofrece el gobierno para estudiantes de Educación Superior. Otorga 2 400 pesos mensuales y los entrega de manera bimestral, es decir que recibirán 4 800 pesos. El plazo de esta ayuda dura diez meses, un ciclo escolar.

Está dirigida a hombres y mujeres de hasta 29 años que estén inscritos en alguna institución de educación pública en la modalidad escolarizada. La beca se entrega de forma focalizada; es decir, se da prioridad a personas de zonas rurales, universidades interculturales y agrarias. También, el gobierno colabora con la UNAM, el IPN y la UPN para proporcionar becas de manutención, transporte y prácticas profesionales con la intención de que los estudiantes puedan concluir sus estudios.

 Becas de escuelas privadas: La mayoría de estas escuelas tienen apoyos económicos, como becas. Algunas dan becas desde el inicio, pero la mayoría las otorgan a partir del segundo año de permanencia en la escuela. También dan becas por tener más de un hijo inscrito en la misma escuela.

3 **Mi Beca Para Empezar:** Ésta es otra beca que otorga el gobierno para los niveles educativos de preescolar, primaria y secundaria. Para registrarse es necesario entrar a la página registrobienestar.cdmx.gob.mx y llenar los campos solicitados.

Los requisitos son:
- Estar inscrito en una escuela pública de la Ciudad de México en los niveles preescolar, primaria, secundaria o Centros de Atención Múltiple.
- Realizar el registro a través de la aplicación "Obtén Más/ Mi Beca Para Empezar"; debes tener a la mano: teléfono celular, correo electrónico y CURP del tutor, comprobante de domicilio, comprobante de estudios del ciclo escolar al que vas a entrar, comprobante de inscripción a dicho ciclo y nombre completo de la persona a contactar.

4 **Carreras gratuitas en línea por parte de la SEP:** Es una universidad abierta y a distancia (UNADM) que ofrece estudiar de forma virtual y pública. Tiene 23 licenciaturas diferentes y da la posibilidad de graduarse en dos años como técnico superior.

Se trata de un programa disponible para los mexicanos y es totalmente gratuito; además, está validado por la SEP. Si estás pensando en iniciar la universidad y no tienes tiempo porque estás trabajando, ésta es una posibilidad que brinda distintas modalidades de estudios con horarios flexibles.

La admisión y los semestres son 100% gratuitos, sólo se tiene que cubrir una tarifa para la titulación, que nunca es mayor a $1500 pesos.

Tiene tres modalidades de estudio: licenciaturas, con una duración de 8 semestres; ingenierías, con duración de 8 semestres, y TSU, Título de Técnico Superior, que se completa en 5 semestres.

EL ENTENDIMIENTO DEL FUTURO

¡FELICES 18!

¿Cómo preparo a mi yo del futuro en temas financieros? ¿Por qué es importante ahorrar en la adolescencia? Primero, hay que entender que este ahorro es diferente del que hacemos con el fondo de emergencias. Éste es un ahorro que te va a permitir tener un poco de independencia en esta edad y cumplir poco a poco lo que estés soñando, sin olvidar que es el momento en el que defines qué quieres ser cuando seas adulto. Esto te va a ayudar a construir más rápido lo que tanto deseas hacer.

A los 18 años aún eres un adolescente, pero estás en camino de convertirte en un adulto. Debes entender que el dinero es determinante y de él dependen tus posibilidades de crecimiento. En este momento es importante entender que ésta es una gran oportunidad para empezar a ahorrar. Aprovecha este tiempo para generar ese hábito. Tendrías que guardar la mitad de lo que te dan, para construir tu futuro. Es el momento de destinarlo a tus intereses a largo plazo.

Pasemos a un tema muy importante: te voy a hablar de las diferencias entre necesidades y deseos. Cuanto más jóvenes somos, más difícil es notar la diferencia; se requiere cierto grado de madurez. Nos lleva tiempo discernir lo que realmente necesitamos y captar aquellas cosas que nos dan un valor agregado y nos permiten tener una vida digna.

En mis cursos hablo de lo importante que es este aspecto y cómo la línea que separa necesidades y deseos es muy delgada. Por ejemplo, cuando pregunto a los participantes si alguno tiene seguro de gastos médicos mayores y me responden: "¿De qué me serviría?", me doy cuenta de que no saben las ventajas que les ofrece este tipo de seguro si sufren algún tipo de accidente. En cambio, si les sugiero cancelar su cuenta de Netflix se molestan, pues nadie está listo para dejar sus series.

Es importante entender que el seguro te va a salvar la vida y va a evitar que te quedes en bancarrota. Y lo entiendo, dejar las plataformas es algo complicado; yo soy alguien que consume muchas series; sin embargo, mi madurez me permite saber que esto es un lujo, que se trata del deseo de satisfacer un gusto.

Son estas diferencias de poder las que te exigen y determinan tus deseos y cómo las colocamos por encima de nuestras necesidades. Recordemos que buscamos tener una vida digna. No quiero decir que esté mal, pero muchas veces el deseo se contamina por factores externos; por ejemplo, cuando piensas: "Quiero esa bolsa porque se la vi a Kim Kardashian", y sabes que tal vez no la comprarías si no se la hubieras visto a ella, pero sabes que te va a dar cierto estatus, que vas a ser aceptada. Debes parar estas actitudes.

Si no somos maduros, se nos complica discernir entre qué cosas aplican para una necesidad y qué otras para un deseo, es un proceso

> **Quiero esa bolsa porque se la vi a Kim Kardashian.**

interno y dependerá de cada uno la forma que tenga para cumplir sus sueños; sólo es importante recordar que muchas veces un deseo puede estar contaminado por factores externos que ni siquiera son tuyos. Éste es un ejercicio de autoconocimiento.

Esto nos pasa mucho cuando vemos las redes sociales y nos muestran vidas que nos gustaría tener. Y esto dificulta que te conozcas, que sepas reconocer lo que te gusta a ti y no lo confundas con lo que te dijeron que te gustaba; si te cuesta hacer esta distinción, no sólo va a tener una consecuencia en tus finanzas, también va a determinar cómo vas a hablar, cómo te vas a peinar y cómo vas a comportarte. Toma un poco de tiempo descubrir qué es lo que realmente deseas.

> **Son estas diferencias de poder las que te exigen y determinan tus deseos y cómo las colocamos por encima de nuestras necesidades.**

Lo que quiero es que veas a qué estás dedicándole tiempo, y muchas veces son cosas que no te dan ningún tipo de valor agregado.

Cuando doy mi taller de finanzas y entramos en este tema les platico que cuando quiero comprarme algo me pregunto primero: ¿Qué me va a dar esto que me estoy comprando? Ahora soy más dura con lo que pienso, porque me conozco y sé que me cuesta mucho resistirme a comprar algo y debo ponerme mil trabas; te cuento que hago un flujo de decisiones para poder regalarme unos *jeans* en Zara.

Es algo que necesito hacer. Trato de encontrar la forma financiera de solventar mis deseos, y muchas veces implica vender algo de mi ropa primero para que entre lo nuevo en el clóset. Este proceso me da paz, descubre lo que a ti te funcione para nivelar tus deseos y necesidades.

Con esto no quiero decirte que no vas a poder satisfacer tus deseos, sólo quiero que ubiques las diferencias entre deseos y necesidades y comiences a distinguir tus prioridades. Te voy a dar la base para que ubiques las necesidades básicas: vivienda, comida, salud y transporte. Y recuerda, el deseo son las cosas que no urgen para llevar tu vida dignamente.

ORGANIZACIÓN FINANCIERA

Durante esta etapa de adolescencia debes definir tus prioridades, aprovecha este tiempo. No olvides los puntos en los que tienes que enfocarte: comida, salud, educación y tener un techo. Si puedes, empieza a verte como tu propia fuente de ingresos, considera que somos humanos y podemos enfermarnos en cualquier momento; dale importancia a tu salud, distingue las prioridades que estén dentro de tu realidad.

Es un buen momento para generar conciencia de lo que quieres, sobre todo cuando buscas ganar tu independencia. Date cuenta de que no todo tiene que ver con dinero y de que estás a tiempo para explotar tus habilidades y tus capacidades.

También es una prioridad que comiences a decidir lo que significa el dinero para ti, tus sueños y tus metas; recuerda que tú eres tu principal inversión y que la educación financiera es tan importante como dormir o comer. Se trata de ahorrarnos una década, pues las personas comienzan a poner atención en sus finanzas cuando están por cumplir los treinta. Si puedes, planifica tu futuro desde los veinte.

INDEPENDENCIA

Independizarse es el siguiente paso a la adultez. Si estás pensando en hacerlo con *roomies* o tú solo, es importante que conozcas las formas de lograrlo sin que tu economía se vea afectada.

En mi caso, me independicé a los 18 años sin tener en cuenta mi presupuesto ni haber hecho un fondo de ahorros. El primer día que nos mudamos, mi hermana nos llevó al Sam's a hacer la despensa. Yo creía que con el dinero que llevaba nos iba a alcanzar, pero al llegar ahí la realidad fue otra: las cosas costaban muchísimo. Le dije a mi hermana: "¡Güey!, con lo que traigo no puedo comprar esto, vámonos al Aurrera; no vamos a poder comprar los cinco litros de jabón".

> **Ése fue mi primer shock, no darme cuenta de los precios que conlleva la vida adulta.**

Ese día, cuando llegamos al departamento, Víctor y yo decidimos que teníamos que ahorrar, algo que ninguno de los dos había pensado hasta ese momento. A la mañana siguiente, fuimos al banco y abrimos una cuenta mancomunada. Yo empezaba a trabajar y me pagaban 70 pesos por función; para mí, ya estaba consiguiendo algo, era el paso más adulto que había dado.

Nunca nos pasó por la cabeza que no debíamos tener al bebé; para mí era algo simple, trabajo y listo. Después de tomar la decisión fuimos a decírselo a mi mamá, quien no lo tomó nada bien; ella era una adulta mirando la situación, viendo la realidad que nosotros no veíamos. Así que nos empezó a cuestionar: "¿Cómo lo van a mantener?". Estoy segura de que ella podía ver muchas cosas al mismo tiempo. A mi hermana, que siempre estuvo con nosotros, tampoco le gustaba la idea de que tuviera que complicarme la vida con un hijo a esa edad.

La verdad, fue un comentario que escuché muchas veces, pero yo me decía: "No soy pendeja, ¿por qué tanta falta de fe?". Recuerdo que llegué a sentir resentimiento...

No soy pendeja, ¿por qué tanta falta de fe?

¿Era neta que no podía resolver esto? Lo tuve muy claro conmigo: "Si creen que no puedo, les voy a enseñar que sí se puede".

Toda mi familia se enteró de mi embarazo. Así fue como nos enteramos de un departamento que tenía una de mis tías lejanas y que rentaba en mil pesos. Nuestra primera meta fue juntar esa cantidad de dinero. Yo todavía no terminaba la escuela, pero después de todo esto, la directora decidió correrme. Mi papá fue a hablar con ella para preguntar qué estaba pasando. Le dijeron que les daba pena que una embarazada usara su uniforme. Así que tuve que suspender la escuela cuando me faltaba un año para terminarla.

Esto no influyó para que nosotros nos mudáramos al departamento. Recuerdo la sensación de verlo vacío, yo sólo me había llevado diez prendas de ropa, y nada más. El lugar era una vecindad; la primera vez que lo vi me sentí en una novela de Televisa. Le dije a Víctor: "Mi hijo no va a nacer aquí, tenemos que encontrar otro lugar para vivir". Ésa fue una de mis primeras metas.

> Darte cuenta de lo que costará la vida adulta te dará mayor estabilidad y seguridad. En mi caso, estábamos aprendiendo a resolver cada día. Cuando pasamos la primera noche en el nuevo departamento, le dije a Víctor que por lo menos íbamos a necesitar $2 000, y todavía no contemplábamos los gastos del bebé.

La verdad, tuvimos mucha suerte. Víctor trabajaba en un bar y le ofrecieron la gerencia. El dueño, una persona muy agradable, le dijo a Víctor que quería conocerme, así que organizamos una reunión. Siempre he gozado de una fortuna especial que rodea mi vida y hay ciertos elementos y ciertas personas sin las cuales no hubiera logrado nada de lo que logré.

Víctor y yo nos casamos un 11 de diciembre, un mes después de mudarnos al departamento. Mi papá estaba preocupado, uno de sus mayores miedos era que me casara, pero lo pudo soportar e hicimos la boda. La familia cocinó; nosotros no tuvimos que poner nada. Fuimos a comprar el vestido; yo

quería el más barato, pues me daba igual. En la recepción, recibimos millones de regalos, pero mi mamá siempre nos impulsó a que nosotros trabajáramos por nuestros propios logros.

Sinceramente, nunca pasó por mi mente que yo iba a ser pobre. No logro distinguir cuándo lo decidí, pero para mí no era una opción. Podría haber carencias económicas, pero nunca imposibles de resolver. Y ahora, en Adulting veo lo importante que es crear una educación mental fuerte en lo que respecta a temas económicos.

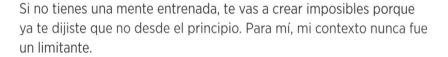

> **... nunca pasó por mi mente que yo iba a ser pobre.** No logro distinguir cuándo lo decidí, pero para mí no era una opción.

Si no tienes una mente entrenada, te vas a crear imposibles porque ya te dijiste que no desde el principio. Para mí, mi contexto nunca fue un limitante.

Después de todas estas experiencias e historias, te voy a dar unos trucos para que este cambio a la adultez lo hagas de forma orgánica.

TIPS PARA PREPARARTE E INDEPENDIZARTE SIN ESTRÉS

Lo más importante que debes preparar para independizarte es el fondo de emergencias, un plan de retiro y el ahorro por dos meses de renta.

Considero que independizarse a los 23 años y vivir con *roomies* es un buen momento para entrenarse en la vida adulta y conocer el reto de enfrentar las expectativas contra la realidad. Creemos que cuando nos independizamos vamos a rentar en una superzona donde tienes tu café de siempre, un parque de mascotas enfrente y una terracita para las plantas. Pero nos damos cuenta de que al salir a la vida las cosas no son así, y es muy deprimente; por eso creo que es bueno prepararse para esto.

¿Cómo lograr independizarse a la edad correcta? Vamos a empezar con cinco *tips* y dar el primer paso en la vida adulta.

Las cosas que tienes que considerar antes de firmar el contrato por el departamento que tanto deseas son:

1. PRIMER ERROR:

Falta de planeación o tomar la decisión impulsivamente. Si piensas mudarte al departamento de tus sueños y sabes que al hacerlo te quedarás en ceros o no podrás pagar tus deudas, este cambio puede salirte muy caro a largo plazo.

Antes, tienes que pensar: "¿Cómo voy a independizarme? ¿Con quién? ¿Dónde?". Date tiempo para hacer un plan. No lo pienses como una única oportunidad, y si te invitan a compartir un departamento, no te lances a la primera. No tomes decisiones apuradas.

OJO: Un dato curioso es que el 45% de las personas que se independizan tienen que volver a casa de sus papás por lo menos una vez por razones económicas: esto por falta de planeación.

Solución: Planea tu independencia por lo menos seis meses antes. Esto cambia el panorama. Así tendrás tiempo de visualizar qué quieres lograr cuando lo hagas.

2. SEGUNDO ERROR:

Desconocer las condiciones en las que puedes mudarte y lo que se requiere para que puedas lograrlo. Si crees que es fácil y no sabes lo que implica, tómate un tiempo para investigar y pensar qué es lo que quieres: si quieres un departamento con roomies o si necesitas que acepten mascotas. Y sobre todo el rango de rentas para poder contrastar la expectativa vs. la realidad.

Solución: Definir antes cómo lo harás: solo o con roomies, y saber cuánto debes pagar por la mudanza. Ubica los precios de los departamentos cuya renta puedes pagar, su ubicación, si tienen estacionamiento, etcétera.

COSAS QUE DEBES SABER:

- Una mudanza tiene un costo promedio de 2 mil pesos.
- Para rentar una vivienda, te piden un depósito equivalente a un mes de renta (en ocasiones hasta dos meses).
- Muy probablemente te pedirán la renta por adelantado.

- Necesitas un aval (es hora de ir con tus papás o tu familiar de confianza para que te den esas valiosas escrituras y un voto de fe hacia tu independencia).
- El pago de la fianza. Últimamente se ha hecho más común que te pidan pagar una fianza para asegurarse en caso de que no pagues. No te apaniques, hay muchas buenas ofertas, desde 1500 pesos anuales por una renta de $9 500.

- Toma fotos de cómo recibes el departamento, para que la casera no se aproveche de algún desperfecto.

3. TERCER ERROR:

Mudarse poco preparados y terminar endeudados. Parte de esta independencia es hacer cuentas previas antes de emprender esta nueva vida.

Dato curioso: Los *millennials* gastan hasta el 60% de sus ingresos en renta, literalmente viven para pagarla. Esto es parte del error, pensar que lo lograste y ahí acaba todo... ¡No, señor! Apenas empieza. Si no hiciste bien tu presupuesto y no viste que tu vida financiera no está lista para esta nueva aventura, puede ser que tengas que regresar con tus papás.

Siempre pregunta por el precio del departamento y si ese precio incluye el mantenimiento. ¿Cuánto vas a pagar de agua, de luz, de gas? ¿Qué implica esta mudanza, y los gastos alrededor? Evita endeudamientos.

Solución: Haz dos listas:

De gastos de mudanza, fianza, muebles para comprar, todo lo que necesites para mudarte.

De gastos nuevos que tendrás que adecuar a tu presupuesto (renta, mantenimiento, agua, luz, gas, internet, limpieza, gasolina/transporte).

4. CUARTO ERROR:

Aparte de tu fondo de emergencia, necesitas ahorrar un mínimo de 2.5 veces el valor de tu renta. Si no lo tienes, no estás listo para mudarte, o sea, para afrontar los gastos iniciales de independizarte.

5. QUINTO ERROR:

Está ligado con el primer error. ¿Qué hacemos con toda esta información? Prepararnos; decir, ok, ya me dio un parito cardiaco con todo lo que debo tener, pero estoy listo y preparado para hacerlo. Te recomiendo que para subir el nivel de éxito hagas bien el nuevo presupuesto, para que logres ajustarte a tu independencia sin dejar nada de lado.

PRESUPUESTO Y FINANZAS SANAS

¿QUÉ NECESITAS PARA VIVIR SOLO, CUÁNTO TE VA A COSTAR?

Para este apartado vas a necesitar dos horas de tu tiempo. Encuentra un lugar sin distracciones, agarra una pluma y papel. Si puedes hacerlo en un Excel, mejor, te ayudará a sacar las cuentas más rápido. Ponte cómodo, vas a hacer tu presupuesto. Ten a la mano un calendario y empieza a recabar estados de cuenta, con el último mes es suficiente.

FASE 1:

Paso 1: En Excel, vas a hacer dos tablas, cada una con dos columnas; a la primera le vas a llamar ingresos y a la segunda egresos. En ingresos vas a poner todo lo que entra de dinero en un mes; si te lo regalan, no importa, mientras sea dinero va en este apartado.

En el de egresos vas a poner los gastos que hiciste durante ese mes.

Paso 2: En este apartado, vamos a trabajar con la lista de **INGRESOS.** Sólo quiero que te enfoques en pensar en los **CONCEPTOS** que te dan dinero durante el año, sin montos; no quiero que pienses en cantidades, porque te distraen.

Enfócate en lo que ganas de dinero (para eso es útil el calendario). Ve pensando en todo lo que te da dinero: nómina, bonos, comisiones, si tus papás te mandan dinero, si recibes pensión, aguinaldo, utilidades, vales de gasolina, vales de despensa, rentas, inversiones. **TODO.**

Te recomiendo que lo hagas por meses. Todo se acepta y todo es bienvenido, si rentan el cajón de estacionamiento, si venden regalitos, no lo descarten. Tengan en cuenta que esta lista es más corta que la de gastos, desgraciadamente.

Paso 3: Llegó el momento de ver a qué cosas dedicas tu dinero. Enfócate en la lista dos, **EGRESOS,** y anota todos los conceptos en los que gastas en el mes. Es el mismo ejercicio que hiciste para la lista de ingresos. No te olvides de poner: mantenimiento, servicios de la casa como luz, agua, gas, la gasolina del carro, el celular, las suscripciones, colegiaturas, médicos, gimnasio, ayuda a los papas.

Como ejercicio te recomiendo que pienses en lo que haces de lunes a viernes: si vas por un jugo, un café, a la fondita. Recuerda que quieres incluir todos tus gastos del día a día.

> **“Todo se acepta y todo es bienvenido, si rentan el cajón de estacionamiento, si venden regalitos, no lo descarten.”**

Poner todo de memoria en esta lista
puede ser un reto, porque sólo nos
acordamos de las cosas grandes.
Repasa con detenimiento tu rutina;
si vas al psicólogo, si los viernes compras
cigarros... Trata de escribir todas las cosas
significativas en las que gastas dinero.

NOTA: Cuando hagas tu presupuesto te pido
que escribas por separado si tienes deudas en
tu tarjeta de crédito, con intereses o sin intereses;
igual si tienes deudas con amigos, si donas dinero
o inviertes. Y por último, pon en dos conceptos los
gastos semanales y los gastos de fin de semana.

FASE 2:

Paso 4: Ve por tus estados de cuenta, utiliza el celular, una app
bancaria, recibos de nómina, lo que necesites para obtener
los montos mensuales de tus **INGRESOS.** En este apartado
continuaremos llenando las tablas donde antes escribiste los
conceptos, para poner los números. Es hora de agregar los **MONTOS.**
Quiero que pongas la verdad, lo que ganas y lo que gastas; quieres
descubrir cómo están sus finanzas, no te mientas. Si haces este
ejercicio solo, no tienes por qué engañarte a ti mismo. Necesito que
tengas honestidad para que sepas en qué rubros puedes recortar
gastos. Un presupuesto en el que te mientes no sirve para nada.

(*Tip:* Las suscripciones son el nuevo gasto hormiga de los *millennials*.
Nuestro dinero se va en ellas; entonces, para que no se te vaya
ninguna, puedes checarlo desde tu celular y saber con qué
plataformas estás vinculado y cuánto cuestan).

Ya con tus estados de cuenta abiertos, asegúrate de que anotaste
todos los gastos y ponle a cada uno su monto. Escribe en la lista uno
los montos mensuales.

Si eres emprendedor, empresario o *freelance* y tu salario se modifica cada mes, haz una media con los seis meses pasados; por ejemplo, si ganas entre $15 000 y $20 000 pesos, haz una media con esa cantidad.

Paso 5: Vamos a seguir estos mismos pasos, pero con la tabla de **EGRESOS.** Empieza a buscar tus gastos y asígnales montos. Comienza por poner los montos fijos; si pagas algo como un seguro de gastos médicos, divídelo en doce e intégralo en cada mes. Aquí, a diferencia de la lista uno, sí vamos a sumar el total.

¿Recuerdas que te recomendé revisar lo que haces de lunes a viernes? Todos esos gastitos que generas: el jugo, el café, la tienda de conveniencia, van aquí, y lo vas a multiplicar por cuatro para saber cuánto gastas al mes. Luego, en el apartado de fin de semana, apunta si sales al cine, a comer, con tus amigos...

OJO: En este apartado, para que logres equilibrar tus finanzas funciona fijar un monto de lo que vas a usar para la semana: por ejemplo, 500 pesos de lunes a viernes, y para el fin de semana 1000 pesos, y esos son tus límites, no puedes rebasar esta suma.

Paso 6: Ahora, vas a sumar los montos de cada una de las dos listas, tanto de **INGRESOS** como de **EGRESOS**; con esto ya tienes un presupuesto de tu mes.

En esta fase, quiero que quites de la lista de **INGRESOS** aquello que recibes de forma esporádica, y sólo deja lo que es seguro mes a mes. Quita el aguinaldo y las primas vacacionales.

Ahora suma la lista para ver cómo quedó tu mes. No te preocupes si tus egresos son superiores a tus ingresos, es muy común y pasa mucho. Por ejemplo, si ganas 24 000 pesos pero al sumar la listas resulta que en la de egresos tienes gastos de más de 26 000 pesos, es algo que ocurre con frecuencia, ya sea porque tuviste que ir al dentista o usaste tu tarjeta para salir adelante ese mes. Tranquilo. Lo que quiero es que con esta lista comiences a dar orden a tus finanzas para que no tengas que sacrificar nada y te organices para planear los gastos del siguiente mes. Quiero que te alcance para cosas indispensables, como es pagar tu seguro de gastos médicos.

Paso 7: En este paso vas a clasificar la lista de egresos en tres categorías:

Para la categoría **BÁSICO** escoge de tu lista de egresos las cosas que son necesarias para vivir; sé que Netflix puede sentirse así, pero no lo es. Elige las cosas con las que funcionas realmente. Aquí entra el celular, la terapia, comidas, medicinas, vivienda.

Seguimos con la de **LUJO.** En esta categoría anota todo aquello que pagas y de lo que podrías perfectamente prescindir.

" Elige las cosas con las que funcionas realmente. "

Por último, está la categoría de **AHORRO.** Si en tu empresa ofrecen un fondo de ahorro, lo ideal es que lo ingreses y lo señales anotando lo que te quita de nómina. Aquí también puedes incluir tus inversiones, como seguros de inversión, pago de terrenos, etc. Pagar un terreno es una inversión en caso de no generar intereses; pagar la hipoteca es un básico.

¿Qué pasa con las deudas? ¿Cómo las puedes clasificar? Esto es algo muy personal, pero es bueno identificarlas. Pregúntate cómo utilizas tus tarjetas de crédito; por ejemplo, si las usas cuando te vas de viaje, ese gasto entra en la categoría de Lujo. En cambio, si las usaste para comprar una *laptop* para el trabajo, el gasto entra en Básico.

¿Cómo se clasifican los gastos en educación (cursos, diplomados, maestrías)? En teoría, después de la universidad, y aunque sea una inversión, se clasifica como un lujo.

Estas categorías son superpersonales: si alguien quiere ir a su psicólogo o a su terapia de ángeles porque lo necesita para vivir, está bien; se consideran dentro de lo básico. En cambio, las mascotas son un lujo; yo sé que las amamos y por eso es muy feo que las personas las echen a la calle cuando ven que no les alcanza para mantenerlas.

Paso 8: Después de separar estas categorías (Básico, Lujo, y Ahorro), vas a obtener el porcentaje de cada una para saber cómo estás priorizando tus finanzas.

(NOTA: Para obtener el porcentaje de lo que gastas en cada categoría, la fórmula es: básicos, entre el total de ingresos por cien).

La categoría más importante es la de Básico, y la regla de oro dice que no puedes gastar más del 50% de tus ingresos aquí; eso significa que si mañana te corren de tu trabajo, lo único que tienes que hacer es ganar la mitad de lo que ganas hoy para poder sobrevivir.

> **"... la regla de oro dice que no puedes gastar más del 50% de tus ingresos..."**

Ahora bien, los lujos no deben rebasar el 20% de tus ingresos; por ejemplo, ese tostador de Miniso® que nadie necesita pero decidiste comprar.

Éste es el momento de la vida en que el presupuesto te dice qué estás haciendo mal. Sirve para que pongas en perspectiva aquello en lo que estás gastando de más y metas el freno. Para eso nos funciona este ejercicio, para saber en qué áreas tenemos que recortar. Puede ser que tu vida básica esté siendo muy cara, o que tus lujos estén disparados o que no te alcance para vivir si pagas un carro con una mensualidad altísima.

El 30% extra será destinado al apartado de Ahorros.

Paso 9: En este paso vamos a tratar de recortar y ajustar los montos para llegar a nuestra regla de oro: 50% en Básico, 20% en Lujo y 30% en Ahorro. Idealmente, quiero que llegues a estos porcentajes. Ve bajando poco a poco estos gastos. Por ejemplo, si en tu presupuesto inicial tu categoría de Básico salta hasta el 75% y después de hacer este ejercicio logras reducirlo al 68%, es un buen inicio.

No te frustres ni pienses que tendrías que abandonar un hijo para llegar a este presupuesto. ¡NO! Comienza haciendo la diferencia. Te daré unos *tips* que te pueden ayudar mucho:

1. Antes de mover otra cosa, sube el ahorro lo más que se pueda.
2. Intenta reducir el apartado de despensa.
3. Busca opciones que te permitan hacer lo mismo pero más barato, o baja la frecuencia de los lujos; si compras diario un café, bueno, ahora cómpralo sólo dos veces a la semana. Esto ayuda a que negociemos con nuestra mente.
4. Revisa las suscripciones. Eso de seguir pagando por la prueba de tres meses que se convirtió en un año y que no has vuelto a usar.
5. Quita lo obvio. Hay un montón de cosas innecesarias y vamos reducirlas.

Paso 10: Actualiza la lista de tus ingresos y egresos con sus nuevos montos y ponlos en el mes que corresponde. Que este ejercicio se convierta en un hábito y que no sea opcional dejar de hacerlo.

No hay un apartado donde te "sobre" dinero, sino que lo asignas a la categoría de Ahorro.

SEGURO DE GASTOS MÉDICOS

Criterios para escoger tu seguro de gastos médicos:

¿Para qué o por qué tener un seguro de gastos médicos? Todos necesitamos tener protección médica, nos sirve para estar prevenidos en caso de tener un accidente o una enfermedad. Así que si no cuentas con un seguro médico gratuito, necesitas y te urge solicitar un seguro de gastos médicos mayores.

Es un servicio que contratas para situaciones graves y de riesgo, no para "accidentes" en los que te duele el dedo chiquito del pie.

Cobertura $$$. Vas a elegir el monto mínimo que quieres que cubra en caso de una enfermedad o un accidente. Te recomiendo que sea de unos 25 millones de pesos anuales.
NOTA: Cuanto más millones contrates, más caro es el seguro.

OJO: Hay pólizas que exageran los millones que te dan.

Deducible. No te confíes; cuando pagas un seguro de gastos médicos, resulta que tienes que pagar por la póliza y además por el deducible, esto es algo indispensable si quieres estar cubierto de una enfermedad o de un accidente.

OJO: Para pagar el deducible puedes usar tu fondo de emergencias.

Coaseguro. Resulta que no sólo tienes que pagar la póliza y el deducible. También pagas el coaseguro, pero, ¿qué es? Es un porcentaje sobre lo que cuesta el total del siniestro. Ponte listo en este apartado y elige uno bajito que no rebase el 5% y que esté restringido a cierta cantidad de dinero.

OJO: Para esto también puedes emplear tu fondo de emergencias.

Antigüedad. Debes saber que las aseguradoras te piden cierto tiempo de antigüedad con ellos para que te cubran de ciertas enfermedades y siniestros. Por ejemplo, para estar cubierta en la maternidad no puedes contratar el seguro seis meses después del embarazo. Solicita la lista de tiempos para conocer cuándo estarás 100% cubierto.

Hospitales. Pues sí, vas enterándote de que todo cuesta, y más si se trata de temas de salud; por eso es importante tener en cuenta cuál es el factor que interfiere con tu póliza, y esto lo eliges cuando contratas el servicio de hospitales a los que tendrás acceso.

Existen pólizas en las que no tienes que decidir esto cuando las contratas, sino cuando eliges el hospital, y de acuerdo con el lugar es la diferencia de precio que terminas pagando.

Fun facts que tienes que conocer:

- Las tres aseguradoras que más reembolsan a sus clientes son: Zurich, Banorte e Inbursa.

- Las dos aseguradoras que más tardan en resolver casos son: Metlife y Seguros Monterrey.

- Puedes pagar tu seguro a mensualidades directamente con tu tarjeta de crédito o de débito.

- Si no quieres pagar un seguro privado, puedes pagar voluntariamente al IMSS; sus costos van desde $6 200 hasta $14 000 pesos al año.

PRIMER TRABAJO

Lo que hay que saber

¿Qué pasa cuando consigues tu primer trabajo?

En mi caso, encontré mi primer trabajo cuando empezaba mi embarazo. Era con el dueño del bar en donde trabajaba Víctor. Recuerdo que nos invitó a comer con su esposa. Apenas me vio, supo que era una niña en una situación diferente; sólo estaba tratando de sobrevivir.

En esa reunión me ofreció trabajo en su bar, me pidió que lo administrara. Yo no sabía nada de eso, pero él me dio su confianza, me dijo: no te preocupes, sólo tienes que conciliar comandas y pasárselas al contador. Me preguntó cuánto quería ganar y le dije que 10 000 pesos al mes, para juntar para el parto. Él dijo que sí, y comencé a trabajar.

Me despertaba todos los días muy temprano; pasaba frente a la computadora la mayor parte del tiempo y administraba el bar. Algunos domingos ayudaba como mesera. Me veía muy pequeña, como de 12 años; además, las personas me veían embarazada y con las propinas me iba muy bien.

El tiempo del parto se acercaba y tomé un curso de parto profiláctico por el rumbo de

Anzures. La verdad, no me alcanzaba ni para el taxi. Afortunadamente, el dueño del bar nos quiso apoyar con parte del dinero del parto, nos dijo que pondría la mitad de lo que se necesitara y que no nos preocupáramos por eso.

Cuando llegó el día, fue un parto en acuático. Mis amigas, con uniforme, fueron a visitarme al hospital y me llevaron pastel. La recuperación fue superfácil. Pero cuando teníamos que pagar, el dueño no aparecía, tardó horas en llegar a pagar. Eso me hizo sentir frustrada, por tener que depender de alguien más para salir del hospital. Al salir del hospital, mi maternidad fue muy sencilla. Mi papá se quedó conmigo en las noches, fue perfecto. No nos faltó nada. Para mí, emocionalmente fue algo más complicado, sentía una mezcla de emociones, entre depresión y la noción de saber que vivía en un lugar peligroso; la verdad es que no podía dormir tranquila.

Tuvimos suerte y el tío del novio de mi hermana acababa de comprar un departamento por Marina Nacional y lo quería rentar. El precio de la renta era de 3 000 pesos. Le platiqué a Víctor, pero me dijo que lo pensáramos, pues "¿cómo íbamos a juntar eso?". A mí no me importó y fui a ver el lugar. Era increíble, tenía elevador, estacionamiento, seguridad y tres recámaras. Por supuesto que dije que sí.

Para poder rentarlo necesitábamos dar dos meses de anticipo, así que fui con mi mamá y le pedí que me prestara 6 000 pesos para el depósito. Al regresar a casa sólo le comenté a Víctor: "Nos mudamos". Éste fue nuestro primer *big move*.

Apenas llegamos al nuevo departamento, empezó una vida diferente. Lo primero que nos preguntamos fue: "¿Qué vamos a hacer, cómo podemos ganar más dinero?". Y sobre todo, sabíamos que no podíamos atrasarnos con los pagos. Así que pensé en buscar otro trabajo. Siempre he tenido claros mis valores y cuando alguien confía en mí y cuenta conmigo, me entrego por completo. Nunca he sido miedosa y comencé a planear nuevos objetivos.

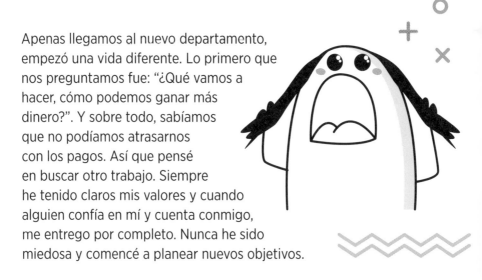

Ésta fue mi experiencia con mi primer trabajo; sin embargo, había muchas cosas que no conocía y que quiero compartirles, por ejemplo: ¿Cuáles eran los beneficios que tendrían que darme por ley? En ese tiempo yo desconocía todo esto, sólo pensaba en resolver el presente y que mi parto resultara perfecto.

¿CÓMO SER UN ADULTO DE VERDAD?

Para empezar con este apartado te daré datos muy valiosos, de manera que entiendas cómo es que la generación *millennial,* es decir, personas entre 21 y 40 años, representa, al momento, hasta el 46% de la fuerza laboral del país. Para 2025 seremos el 75% de los trabajadores a nivel nacional. Esto quiere decir que empezamos a crear nuestras propias reglas, la forma en que consumimos créditos y en la que gastamos el dinero. Nuestra participación tiene un impacto en la manera en que movemos el país.[1]

Esto nos dice dos cosas: una, que tenemos que ser más conscientes, entender que es tiempo de crecer y que el presente ya está aquí. No

[1] Morales, Rebeca. C (2021). *En el 2025 serán los* millennials *el 75% de la fuerza laboral en México.* Así sucede. Confianza en la noticia. Recuperado el 30 de abril de 2021. https://asisucede.com.mx/en-el-2025-seran-los-millennials-el-75-de-la-fuerza-laboral-en-mexico/

se va a ir a ningún lado. Dos, ahora tenemos la responsabilidad de exigir mejores productos y preocuparnos por la forma en que éstos impactan en nuestro país. Parte de ser un adulto responsable es darse cuenta del peso y la ética que debemos tener en las decisiones que nos rodean.

Si somos el 50% de la fuerza laboral, eso significa que impactamos directamente en la forma como el país genera dinero. Hay que entender que nosotros tenemos una consecuencia y un impacto; no sólo en la manera en que ganamos dinero, sino en lo que gastamos y en la manera en que consumimos productos.

La generación *millennial* ha sido muy estudiada porque, a diferencia de las anteriores como los *boomers*, nosotros vinimos a cambiar las cosas. Esto tiene una razón y es la manera en que vivimos la vida, en la que nos comportamos. Sin duda, nos pusieron un chip diferente que necesitan estudiar. Esto no quiere decir que sea mejor o peor, sólo que nos hicimos exigentes con algunas cosas y que también evitamos muchas otras.

Nuestra generación se distingue por cuatro características que la hacen diferente de las demás, y estoy segura de te sentirás identificado con alguna de ellas:

La primera es que somos tecnológicos. Uno de los rasgos que marcan nuestra generación es que crecimos con tecnología y que con el tiempo su velocidad de producción aumenta. Y sin importar el ritmo que marque, estamos listos para lo que venga.

La segunda característica es que si bien nos juzgan como una generación a la que no le importa nada y somos inconscientes, resulta que no es así. Tenemos algo que nos importa bastante y es que somos ambientalistas. Nos importa el mundo. Ya sabes, ¿no? Que si tomas un popote, va a terminar en la nariz de una tortuga; es algo que está escrito en nuestra cabeza, tal vez no lo vas a admitir, pero te preocupa. Y esto se ve en pequeñas costumbres: comenzaste a usar la bici o llevas tus *Tuppers* a todos lados. Queremos hacer un cambio por nuestra cuenta.

La tercera característica es que somos superimpacientes. Para nosotros, esperar un minuto es esperar una hora. Estamos acostumbrados a que si alguien llega tarde 15 minutos, pensamos: mmh, no está mal, había tránsito. En cambio, cuando estás en el celular y no abre el navegador, piensas: "¡Está lentísimo!". Y esto no sólo nos pasa con la tecnología, también somos impacientes en lo que respecta a metas y logros. De alguna manera creemos que todo tiene que darse de forma instantánea, en el momento que lo desees por el simple hecho de que lo merecemos. Necesitamos que todo suceda ya, ahora. Todos queremos ser un unicornio.

Esta característica ha jugado en nuestra contra muchísimas veces. No saben cuánto. Por ejemplo, cuando llega un *millennial* a Adulting buscando invertir y conseguimos una supertasa, una estrategia de inversión que le va a dar el 15% al año...

" ... me voltea a ver como si me dijera: "¡Y esta estúpida! ¡Poooor! ¿Nada más el 15%?".

Yo le digo: "Es dos veces más de lo que te va a dar cetes, <u>vas a ganar muchísimo dinero</u>". "

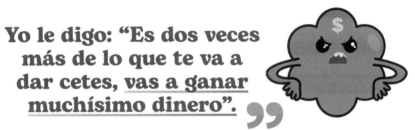

Si hubiéramos llegado con nuestros padres a contarles esta noticia, pensarían que es brujería, pero nosotros no estamos dispuestos a nada.

En un estudio que realizó Google con varias personas, les preguntó si estarían dispuestos a esperar cinco años para hacer una carrera en la compañía y llegar a un puesto *senior*. Resulta sorprendente ver que el 83% dijo que no. Cinco años les parecía mucho y no valía la pena invertir su tiempo. Es increíble que no puedan aceptar porque creen que no tienen tiempo.

La última característica está ligada a la educación que nos dieron nuestros padres. Y no quiero que esto suene a que es culpa de ellos y que pienses: "Si yo venía perfecto, ellos son los que me hicieron así". Lo que pasa es que cuando una generación es suprimida y pasa por eventos muy radicales, por ejemplo una guerra mundial, los miembros de la siguiente generación se vuelven todo lo contrario, mucho más laxos, justo para crear un contraste con lo que pasó.

Y bueno, nosotros somos esa generación en la que el papá sufrió económicamente. En latinoamérica, y particularmente en México, venimos de familias que padecieron estragos, devaluaciones, pérdidas de dinero, los bancos desaparecieron, había fraudes, y ninguna de las instituciones gubernamentales hizo algo para regular todo esto. Y por lo tanto, nuestros padres deseaban que tuviéramos lo mejor sin que tuviéramos que sufrirlo. Digamos que algunas veces se les pasaba un poquito la mano, sobre todo porque no había educación financiera. Ellos lo intentaron y por supuesto hicieron lo mejor que pudieron con lo que tenían.

Estos cuatro factores crean lo que somos hoy, una generación a la que acusan de apática cuando no lo somos. Más bien somos evasivos, queremos pasarla bien, que no nos preocupen las cosas, decir:

"¡Güey! Mándame un meme, vamos a relajarnos". No queremos confrontarnos con la seriedad de lo que está pasando, y al mismo tiempo somos las personas más serias: le damos mucho sentido a cómo queremos vivir nuestra vida.

Y esta combinación es algo superpositivo que hemos pasado por alto. En Adulting tratamos de enseñar una educación financiera en la que puedes vivir la grandiosa vida que estás viendo en Instagram y no tengas que preocuparte por el retiro. Ése es nuestro objetivo, sabemos que sí se puede, sólo que no te han enseñado cómo.

Qué difícil es este juego.

Continuando con los datos importantes, déjame decirte que el 74% de los *millennials* nunca ha recibido ningún tipo de educación financiera. NADA. Y me da mucho gusto que tengas la iniciativa de empezar a hablar del tema, de abrir la conversación y de buscar las metas financieras que quisieras tener. Y es que muchas veces no sabemos por dónde empezar, por ejemplo: el 81% de los *millennials* tiene deudas de más de 100 000 pesos en tarjetas de crédito, ¿Por qué pasa esto? Por la misma razón que caracteriza a nuestra generación, la falta de educación financiera y el no saber cómo usar las tarjetas de crédito. Tenemos que ser pacientes para lograr las metas financieras que queremos.

> **❝... el 74% de los *millennials* nunca ha recibido ningún tipo de educación financiera...**

> **... el 81% de los *millennials* tiene deudas de más de 100 000 pesos en tarjetas de crédito...[2] ❞**

Otro dato muy relevante que pasa mucho en latinoamérica, no solamente en México, es que 6 de cada 10 *millennials* aporta dinero a

---

[2] Salomón Rodríguez, Iván. C.(2018). *Millennial: aprende a tomar el control de tus finanzas*. El Financiero, Finanzas personales. Recuperado el 8 de julio de 2018. https://www.eleconomista.com.mx/finanzaspersonales/Millennial-aprende-a-tomar-el-control-de-tus-finanzas-20180708-0049.html

sus padres.[3] Ésta es una estadística clara de lo que está pasando en la actualidad: a los *millennials* apenas nos alcanza, por eso preferimos los gatos o los perros, ¡qué vamos a pensar en tener hijos! Es muy bajo el porcentaje de parejas que quieren tener hijos.

Esto implica un cambio en la manera en que vamos a llegar a los 70 años. ¿Seguiremos saliendo todos los días a trabajar para pagar la renta? No quiero decirles la relevancia que va a tener que seamos la primera generación que no va a tener pensión. Hará que tengamos que vivir de lo que ahorremos, y este dato hace que nos hagamos adultos ahorita, nos obliga a hacernos responsables de algo en lo que no queremos pensar, porque odiamos pensar en el futuro.

OJO: Es hora de entender este pensamiento y comenzar a atender tu retiro.

Si ya tienes afore por parte de tu trabajo, está muy bien, pero sólo es el 30% de la solución del problema; el otro 70% tienes que construirlo desde ahora. Es algo en lo que debes pensar más; puede deprimirte pero, es la realidad. Esto es parte de crecer y te hace más consciente y exigente de lo que está pasando. Quiero que pienses en la forma en que usas tu dinero y que comiences a emplearlo de la mejor manera.

Sé visionario

---

[3] Ídem. https://www.eleconomista.com.mx/finanzaspersonales/Millennial-aprende-a-tomar-el-control-de-tus-finanzas-20180708-0049.html

¿Cómo logramos que la relación que tenemos con el dinero se alinee con las cosas que queremos conseguir? Hay que entender que lo que necesitamos y lo que deseamos no son la misma cosa, ésa es la gran diferencia de ser adulto.

5 PASOS BÁSICOS PARA SER UN ADULTO RESPONSABLE

Es hora de desbloquear al adulto que llevas dentro; si logras empezar con esto, estás del otro lado. Así que hagámoslo de forma indolora para que poco a poco obtengas una vida más disfrutable y puedas elegir en qué quieres utilizar tu dinero para construir tu futuro
Se cree que tenemos que decidir entre el ahora y el mañana, que debemos gastar nuestro dinero apenas nos llegue; todas estas concepciones nos hacen creer que tenemos que elegir entre una cosa y otra, cuando en realidad no tiene que ser así.

Adulting ha tenido una buena recepción en el mercado porque conocemos bien la complicidad que hay entre lo que quieres lograr hoy y lo que construyes para el mañana, entendemos que la vida no se tiene que ver como una pesadilla. Por eso preparé cinco pasos para ayudarte con tu yo de hoy, sin descuidar a tu yo del futuro.

PASO 1: HAZ EL PRESUPUESTO

Este paso lo tienes que hacer sí o sí. Esto sirve para que fijes tus objetivos y lo hagas con la mayor solidez posible, de manera que consigas tus objetivos. Se trata de descifrar la vida de adulto, y si no piensas en un plan está de la fregada.

El presupuesto tiene que ser algo escrito, tiene que estar sujeto a una regla financiera, recuerda la proporción 50/30/20. Eso quiere decir que el 50% de tus ingresos deben abarcar tus necesidades básicas. El 30% debe ser destinado a tus ahorros y el 20% a tus lujos: videojuegos, cumpleaños, reloj, esa bolsa carísima. Hazlo de forma trimestral y actualízalo cada vez que se necesite.

PASO 2: FONDO DE EMERGENCIA

Éste es el tipo de ahorro que todo humano debe tener. Si todavía no estás ahorrando, es lo primero en lo que tendrías que ocuparte; si ya estás ahorrando, entonces separa tu fondo de emergencia.

¿Qué es el fondo de emergencia? Son tres meses de tu sueldo neto y es un dinero que una vez que juntaste lo guardas en un lugar seguro, no lo metes a la tanda ni a un pagaré.

Si mañana te rompes la pierna, sabes que tienes un fondo que puede respaldarte para cualquier emergencia. Si alguna vez lo usas, tienes que reponerlo. Recuerda: cuando lo vuelves a juntar puedes olvidarte de él y continuar con la siguiente meta.

Si me rompes, me pagas.

PASO 3: DEBES TENER TRES AHORROS LIGADOS A TRES METAS

Por favor, no llames a tus ahorros "Ahorros". Nadie se siente motivado sabiendo que tiene que poner el 30% de su sueldo en algo que no le atrae. Por eso, motívate: es diferente decir que a partir de hoy voy a ahorrar 1500 pesos para el carro, el viaje, el nuevo celular. Lo que te sugiero es que tengas bien definido el motivo, escríbelo; aunque suene cursi, el poder de escribirlo tiene mucha fuerza. Y no olvides apuntar el tiempo en que quieres realizarlo y cuánto necesitas para lograrlo.

Puedes establecer una meta lejana, por ejemplo: ponerla para el 2025, y aunque parezca lejano, esta inversión va a llevarte a lo que quieres conseguir; este ahorro es para que puedas construir algo, para no quedarte en el aire y que puedas vivir a largo plazo en lugar de ir resolviendo como se presente la vida. Éste es un apartado para los sueños, y tienes que sentirte motivado para lograrlo.

PASO 4: NO TENGAS MÁS DE DOS TARJETAS DE CRÉDITO

Nadie necesita más de dos tarjetas de crédito, ni Jeff Bezos ni Elon Musk. No quiero decir que estoy en contra de las tarjetas de crédito, pero debes saber que no necesitas más. El tener más de dos puede ocasionar que te endeudes.

Si tienes más de dos tarjetas y quieres cancelar alguna, elige la que tenga menos antigüedad para no afectar tu historial crediticio.

Lo ideal es tener tarjetas de crédito con anualidad gratuita, pero si eliges pagar anualidad, que sea porque te vas a desquitar con sus servicios, como lo hago yo con mi American Express. Antes de decidirte, checa el CAT, el costo anual total; viene en tu estado de cuenta. Revisa que esté a menos del 50-60%. La tarjeta más barata se acerca al 20% y la más cara arriba del 100% (ejemplo, BBVA y Stori).

Lo que quiero es que con dos tarjetas de crédito generes un buen historial crediticio. Básicamente, es lo mejor que puedes hacer para tener acceso a mejores créditos. Escoge una que beneficie tu estilo de vida: si eres de los que viajan mucho en aerolínea y te dan millas por eso, quédate con ésa; o si compras mucho en Rappi, su tarjeta te regresa el 8% de tus compras. Investiga cuál se adapta a tu estilo y pierde el miedo a usarlas.

LOADING...

No olvides tener presentes la fecha de corte y la fecha de pago. Esto puede parecer un misterio, pero es sencillo: la fecha de corte es el día en que el banco decidió hacer la suma de todo lo que gastaste en el mes; y la fecha de pago es el último día que tienes para pagar esa deuda. Hay que tener clara la diferencia entre estas dos fechas.

PASO 5: PRIORIDADES EN ORDEN

Es bien sencillo. Lo primero que debes pagar son las cosas que tienen que ver con tu seguridad y tu salud. ¿Qué es esto? El seguro de gastos médicos mayores, tu seguro de vida, el fondo de emergencia. Son cosas que nos previenen ante cualquier accidente.

El segundo punto es la planeación. ¿Hacia dónde vas a dirigir tus sueños?, ¿cuáles son los aspectos más importantes para ti?, ¿a qué destinarás tu dinero? O si ya estás pensando en el patrimonio, esto nos sirve para estructurar el futuro de tu vida financiera.

Estos cinco pasos te dan una idea de por dónde empezar, cómo seleccionar lo que es más importante y aprender a usar tu dinero de una manera estratégica para construir lo que deseas.

CÓMO ELEGIR ENTRE UN TRABAJO NUEVO Y EL ACTUAL

¿CÓMO PEDIR UN AUMENTO DE SUELDO?

Llegó el momento. Basta de posponerlo o de poner excusas. Ahora es cuando. Te voy a decir cómo con estos cinco consejos prácticos.

PASO 1: UBICAR EL MOMENTO

Pregúntate por qué crees que éste es el momento de pedir un aumento. Primero, mira cómo se está desarrollando la empresa: si ganaron un proyecto, si subió en la bolsa... hay ciertas pistas que pueden decirte que le está yendo bien y que puedes lanzarte por ese aumento de sueldo.

Haz una investigación de cómo le va a la empresa y entiende su contexto. Estos elementos te van a servir para construir una propuesta y poder ponerla sobre la mesa. Ten argumentos sólidos que validen por qué estás pidiendo ese aumento.

PASO 2: ELEGIR EL MOMENTO PARA VISITAR AL JEFE

No quieres desaprovechar tu carta, así que elige el momento adecuado para ir con tu jefe; no vayas a fin de mes o cuando lo veas enojado. Mucho de esto es cuestión de *timing*, sé observador y no desaproveches la oportunidad.

Es bien importante saber con quién vas a negociar y elegir el tiempo correcto. Puede ser cuando hacen revisión de objetivos, cuando están haciendo las evaluaciones o están elaborando los presupuestos. Prepárate, si se viene un proyecto en el que tu área es crítica o a tu jefe le acaban de dar un aumento, es más probable que quiera que a los demás les vaya bien.

Les tengo notición muchachos: me subieron el sueldo.

PASO 3: ES EL MOMENTO DE PREPARAR TU SPEECH

Viene el gran momento. Recuerda que el *speech* debe ser corto. No te avientes media hora y no seas emocional, mantente en los hechos. Necesitas un buen *opening*. Planea desde el principio a qué vas. Después de investigar la empresa y su situación, muestra que entiendes hacia dónde va y que formas parte de ello, saca a relucir tus logros y tus objetivos cumplidos, siempre con datos y números claros del crecimiento que has tenido.

El jefe quiere saber de tus resultados.

Como paréntesis: si no encuentras razones suficientes, tal vez no merezcas ese aumento, y esto es bien importante porque de lo contrario caemos en cuestiones emocionales. Antes de pedirlo, sé bien honesto contigo mismo.

PASO 4: NUMÉRICAMENTE, ¿CÓMO VAS A PEDIR ESE AUMENTO?

Este punto tiene que estar definido por porcentajes. Así lo traduce cualquier empresa. Cuando llegas con tu jefe y le dices "Quiero ganar 3 000 pesos más", de inmediato das una imagen menos profesional. Lo primero que tienes que hacer es saber cuál es el porcentaje que vas a pedir y cómo vas a justificar este nuevo ingreso. Decide si vas a pedir el 10% o si sólo vas a solicitarlo por el aumento de la inflación.

Te recomiendo una página que se llama Runah, funciona para obtener el sueldo neto, de manera que puedes ver cuánto te van a terminar depositando después de conseguir el aumento.

Antes de pedir un aumento, ya tiene que estar calculado por ti sin que olvides contemplar los impuestos que se van a generar. Agrega estos números a tus argumentos, además de hablar de las nuevas responsabilidades que tendrás; piensa a qué cosas te vas a comprometer.

La estrategia está justificada por lo que hiciste antes y por lo que vas a hacer. ¿Qué responsabilidades vas a tener y cuál será su impacto?

PASO 5: DEJA FUERA TUS EMOCIONES

Tu vida personal nunca entra en contacto cuando vas a pedir un aumento de sueldo. No podemos decir: "Necesito este aumento porque la hipoteca de la casa subió o porque me incrementaron la colegiatura". Esto jamás lo hagas. Sé conciso y haz que tus argumentos hablen de lo que estás haciendo por la empresa.

OJO: Un aumento del 20% ya es mucho. Es un porcentaje superambicioso. Normalmente se dan entre el 4% y el 10%, para que lo contemples antes de solicitarlo.

PARA CAMBIAR DE TRABAJO*

Antes de cambiar de trabajo, tienes que hacerte una serie de preguntas:

1. ¿Me gusta lo que hago ahorita?
2. ¿Me parece emocionante lo que me ofrece el nuevo trabajo?
3. ¿Siento que estoy ganando lo adecuado?
4. ¿Me están ofreciendo prestaciones más altas de las que tengo?
5. ¿Qué oportunidad de desarrollo profesional tengo? (¿Cuántos puestos arriba del tuyo hay para desarrollarte?).
6. ¿Me ofrecen más vacaciones? (Compara no sólo el sueldo económico, sino también el sueldo emocional, lo que te da mayor calidad de vida).
7. ¿Qué es lo que realmente quiero hacer?
8. ¿He explorado cada opción con mi jefe?
9. ¿Qué quiero para mi futuro laboral?
10. ¿Qué habilidades quiero desarrollar y qué experiencias quiero ganar en los próximos años?
11. ¿Qué tipo de beneficios considero más importantes?
12. ¿Cuánta autonomía busco?

*Mínimo, te tendrías que cambiar por un aumento del 20% de tu sueldo.

¿QUÉ HACER SI TE LIQUIDAN?

Lo que importa es solucionar

Lo principal es saber que te están liquidando conforme a la ley; si esto no está sucediendo, puedes ir a la PROFEDET (Procuraduría Federal de la Defensa del Trabajo), que regula estos procedimientos para que se hagan bien; funciona para darte conciliación y arbitraje.

> ¿Qué hacer cuando te liquidan? En estos casos, utilizas tu fondo de emergencia para estar tres meses estable en lo que encuentras un nuevo trabajo.

Evita el deseo de pagar tus deudas con tu liquidación. No tienes que quedarte en ceros; no quiero que te vuelvas a endeudar y te quedes sin dinero y sin trabajo.

Trata de reducir las cosas que no necesitas y que tu fondo de emergencia dure más de tres meses.

Designa un porcentaje entre el 10% y el 20% para invertirlo y tener dinero a largo plazo. Esto no se invierte en alto riesgo.

Este dinero no se presta, ni a familiares ni amigos. ¡A nadie!

Qué bueno que tenía mi guardadito.

COMPRAR UN AUTO

Antes de comprar un carro, considera estas preguntas: ¿Trabajas a diez minutos de tu casa? ¿Puedes ir caminando al trabajo? ¿Pides Uber? ¿Sales una vez a la semana a carretera? Y, más importante: ¿sales por gusto o por necesidad? Porque es diferente si vas a ver a tus papás a Cuernavaca, que si si te gusta salir a turistear.

Tienes que ver la utilidad que le vas a dar a tu carro para determinar si es necesario comprarlo. Después de esto, es importante calcular un presupuesto mensual de lo que vas a gastar o de lo que gastas actualmente en él. También es bueno pensar para qué lo quieres, ver si lo vas a comprar por seguridad, si vives en un lugar peligroso y llegas muy noche, o porque sabes que te vas a ver increíble en ese BMW.

Son razones diferentes, igual de válidas, pero conllevan gastos económicos que tienes que considerar. Piensa que el carro se convierte en un lujo cuando no lo necesitas pero lo quieres comprar para disfrutarlo. También puedes estar buscando adquirir uno por cuestiones de comodidad, para dejar el transporte público o despertarte más tarde; en estos casos se vuelve un caso de practicidad. Sean cuales sean tus razones, no olvides hacer un presupuesto y un cálculo de lo que conlleva.

EVALUAR UN AUTO

El siguiente punto que debes considerar antes de comprar un auto es evaluar el presupuesto que vas a destinarle mensualmente. Toma en cuenta que si gastas 5 000 pesos al mes en Uber, podrías destinar ese monto en obtener un carro, siempre considerando los beneficios que esta decisión te puede otorgar.

Es importante que sepas que comprar un auto no es una inversión, es un gasto. Te recomiendo que si piensas adquirir uno, no rebase el 20% de tu presupuesto para que puedas mantener tus finanzas controladas.

Si estás pensando en pedir un crédito, te sugiero valuar la tasa de interés. Tiene que rondar el 10% para que sea una buena tasa automotriz.

> ❝ **Lo ideal es comprar un auto usado y de contado; si no puedes, considera uno a crédito y a corto plazo: con esto me refiero que no exceda los tres años.** ❞

Te recomiendo comprar un auto usado porque los carros nuevos se deprecian un 30% al sacarlos de la agencia; por supuesto, cuando lo compras nuevo tienes otras ventajas, como la garantía o la seguridad de que eres el primer dueño. Sin embargo, cuando adquieres uno usado no absorbes la depreciación.

Puedes investigar otras opciones. Hay muchas agencias y servicios que venden carros usados con garantía y crédito. Si eres emprendedor, *freelancer* o trabajas por honorarios, lo mejor que puedes hacer es arrendar un carro; este servicio sólo aplica con autos nuevos.

Igual puedes solicitar un *leasing* con las agencias financieras. En este servicio también desembolsas un pago inicial, es una renta con un depósito menor que un enganche, que puede ser de entre el 10% y el 15% del valor del carro. Después de hacer este pago, sólo vas liquidando mes con mes tu renta. Puedes encontrar varias agencias que tienen *leasing*, como Seat, BMW y Mercedes. Acércate a la agencia de tu preferencia y pregunta por este sistema de renta. También hay arrendadoras específicas que prestan este servicio.

Lo importante de rentar un carro es que nunca te quedas con él. Por ejemplo, si arrendaste uno por tres años y pagaste a tiempo tus rentas, como beneficios te ofrecen el seguro y los mantenimientos, para que sólo tengas que preocuparte por la gasolina. Es un servicio en el cual puedes cambiar constantemente de auto y renovar el servicio.

Ya tengo mis lentes, ahora sólo me falta el coche.

SEGURO DE AUTO, LA IMPORTANCIA DE LOS SEGUROS

¿Te has preguntado qué cosas son obligatorias cuando compras un auto?

Básicamente, debes tener un seguro, es algo obligatorio por ley. Considera esto como una inversión a futuro; si no lo usas, es lo mejor que te puede pasar. Contratar un seguro es un acto de precaución que te va a evitar situaciones extremas de bancarrota. Te va a cubrir en caso de accidentes y siniestros con los gastos que podrían quitarte tu patrimonio.

Antes de contratar un seguro tienes que considerar ciertos criterios para saber cuál es el que te conviene y comparar lo que te ofrece cada uno; por ejemplo, un mejor deducible, o ¿qué pasa si tu carro sufre pérdida total?, ¿cómo resuelven el daño a terceros? (Esto tiene que estar dentro de la cobertura). Y después de esto, ver quién te da algún servicio adicional, como el préstamo de un auto si el tuyo se queda más de un mes en el taller.

OJO: Como propietario de un auto tienes que estar consciente de los gastos que implica tenerlo: desde la licencia hasta los impuestos federales, tenencias, mantenimientos y verificaciones. Es importante saber que cuando manejas eres responsable, te expones y expones a terceras personas.

Cuando empiezas a salir con alguien, ¿le has hecho las siguientes preguntas?: ¿Cuántos hermanos tienes?, ¿a qué escuela fuiste?, ¿qué películas te gustan?, ¿qué música escuchas? Es muy probable que sí, pero ¿haces preguntas sobre el dinero? Nadie se atreve a indagar algo así.

Recuerdo cuando me invitaron al programa *Shark Tank* y estaba hablando con el productor. Él me contaba sobre su esposa y cómo ella, desde la segunda cita, le preguntó sobre su nivel de endeudamiento. Me contó cómo le sorprendió esa pregunta y que ella le explicó que no salía con nadie que tuviera un endeudamiento muy elevado, pues ella no podía con ese nivel de estrés.

Ésta es una de las razones por las que los temas de dinero deberían estar normalizados, porque nos permiten saber desde el principio el valor que le damos, lo que representa para ambos y entender en qué lo utiliza cada uno.

Para mí es importante saber qué piensa el otro acerca del dinero, es una de las muchas cosas que busco en mi pareja: que tengamos el mismo entendimiento sobre él. Con esto podemos empezar a distribuirnos cosas, pensar en cómo vamos a pagar las cuentas y cuáles van a ser los acuerdos. Dejamos claro desde el principio el rol que el dinero tiene para cada uno.

Entiendo que este tema puede resultar incómodo, porque es una herramienta que determina el poder, y muchas veces, termina siendo una lucha por ver quién tiene el control. Yo creo que éste es uno de los grandes obstáculos que se tienen que vencer en pareja, por eso te invito a hablarlo y evitar cualquier tipo de malentendido.

Hay que entender que el dinero nos ofrece el poder de decidir, nos da libertad en nuestra vida y en la del otro. Es algo tan sencillo como elegir a dónde van a ir de vacaciones; quien paga manda, desde qué carro rentan hasta dónde se hospedan.

Creo que el 50% de los rompimientos de pareja suceden por problemas de dinero. Esto sucede por la forma en que ambos lo entienden, y como nunca hablan de él, surgen los inconvenientes. He encontrado personas que dicen: "No quiero estar con alguien que me hace sentir menos porque gana más"; o "No quiero estar con alguien que no gana lo mismo que yo y me quite la posibilidad de tener una mejor vida".

> ## "Hay que entender que el dinero nos ofrece el poder de decidir, nos da libertad en nuestra vida y en la del otro."

Esto es algo en lo que tienen que ser compatibles como pareja y tener la misma visión de lo que quieren hacer con su dinero, saber cuáles son sus prioridades y cómo pueden entrelazarlas. Es tan importante como decidir en qué escuela deben estudiar los niños, o si creemos en Dios o no, o si queremos una vida nómada llena de viajes. Esto es básico para tener una relación adulta.

No lo pienses más, llegó la hora de poner las preguntas serias sobre la mesa y saber si sus planes son los de construir un equipo, los de juntar su dinero en esta tercera figura que formaron con un nosotros.
Tal vez tengan diferentes prioridades y no lo sepan; por ejemplo, estás con una pareja que quiere endeudarse para vivir los mejores viajes, cuando a ti te molestan las deudas; o sales con alguien que pasa su tarjeta de crédito sin miedo alguno, y tú quieres empezar a ahorrar.

Tienes que saber que si no lo platicas y se rompen las expectativas que tenías, pueden comenzar los problemas. Cuando los comportamientos en relación con el dinero no son similares, no hay manera de que puedan construir el mismo futuro y esto genera estrés para ambos.

OJO: Es bueno decidir cuánto dinero pondrás para la familia y cuánto te vas a quedar para ti. Son cosas que se tienen que hablar desde el principio.

¿CUÁNTO CUESTA TENER UNA RELACIÓN?

Este apartado hará que veas el blanco y el negro de lo que te cuesta formar una pareja. ¿Empezamos?

¿Cuánto crees que te cuesta una relación?

Lo primero que tienes que preguntarte es en qué momento de la relación estás con tu pareja. No es lo mismo cuando están saliendo y visitan más restaurantes, que cuando pasan más noches en casa viendo películas.

Por eso sería bueno hablar de las **etapas de la relación:**

En la primera parte de una relación gastas más en salidas, en viajes, en gasolina, en taxis, pero te has puesto a pensar cuánto pagas realmente. Vamos a ponerle números: imagina que se ven dos veces por semana y en cada cita inviertes 600 pesos, más 150 pesos en gasolina o en taxis. Esto dice que gastas 6000 pesos al mes.

¿Cómo podrías solucionar esto? Vayan a tu casa. Si ya te aseguraste de que no es un psicópata, puedes organizar una comida; siempre es una actividad barata que sirve para conocer a la otra persona, pues puedes ver si tu pareja tiene iniciativa para ayudar. La otra opción es planear una salida que no implique ir a comer; ir por un café es de las mejores opciones. También está la opción de ir al teatro local; lo que está padre de esto es que tienen un tema del que pueden hablar y discutir. A mí me gustan los lugares que se prestan para que ambos puedan opinar y saber qué onda con lo que piensan.

Otro punto que debes considerar es el tema de los Uber. Para que logres controlar este gasto, te recomiendo que descargues una aplicación en la que deposites 3000 pesos al mes, y que estés consciente de que no puedes excederte de esa cantidad.

Hablemos de un gasto muy importante que se va incrementando con el tiempo: los anticonceptivos. Es un concepto que no puedes evitar poner en tu presupuesto.

Pienso que al principio cada quien debe comprar sus propios condones, es un tema individual de seguridad, y cada uno debe traer los suyos.

Cuando la relación pasa al siguiente nivel se deben compartir estos gastos; no es justo que sólo uno de ustedes los tenga que pagar. Al final todo se goza en pareja, ¿por qué no ser equitativos? En Adulting lo incluimos como una gasto de la casa, y les corresponde a ambos.

Por último, hablemos de los regalos. Cuando estás en una relación estás expuesto a dar algún detalle, a hacer un gasto para esas ocasiones especiales. Es importante que considyeres que ese obsequio esté dentro de tus posibilidades. En Adulting me ha tocado ver a personas que quieren ahorrar, pero están pensando en regalar un vuelo en avión sin importarles su salud financiera. Tienes que notar cuánto influye ese regalo de manera directa en tu economía. Sé honesto contigo mismo.

" Empezar a tener pareja implica que tendrás que hacer cambios en tu vida financiera, contémplalo en tu presupuesto para que no te agarre de bajada. "

OJO: Las deudas nunca se comparten en pareja, y el presupuesto en conjunto siempre va en proporción de lo que quieren construir, por ejemplo, que cada quien aporte el 20% de su sueldo significa la misma carga económica para los dos (sin importar la diferencia de salario, si uno gana $20 000 y otro $15 000, están dando el mismo porcentaje).

PRESUPUESTO EN PAREJA: QUE EL DINERO NO MATE EL AMOR

Es hora de hablar de un tema que es responsable de innumerables peleas, de muchos divorcios y algunos malentendidos: las finanzas en pareja. Vivir con alguien puede ser complicado, pero puede ser más difícil tener que pagar la renta solo. Aunque parezca que no, el amor puede ser una buena inversión.

Por eso, es importantísimo saber cómo sobrellevar el tema del dinero en pareja, es una gran herramienta, es igual de importante que tu presupuesto, tu ahorro o tu inversión.

Éste es otro nivel que debes desbloquear y para eso me gustaría resaltar algunos puntos a considerar:

Después de que sepas cuál es la relación que tiene tu pareja con el dinero, el siguiente paso será definir qué estrategias van a utilizar, cómo van a administrarlo y cómo van a decidir quién paga qué cosas. Para llegar a este acuerdo se requiere total honestidad: que las prioridades queden establecidas desde el principio y que no suceda que alguno se sienta deprimido y se gaste los ahorros que hicieron en conjunto.

Esto es básico para saber cómo van a administrar sus finanzas. Les puedo asegurar que no conozco una pareja que haya hablado del dinero con total franqueza, porque suele hacerse superficialmente. No teman hablar del tema, es bueno para una relación si ambas partes conocen qué tan importante es el dinero para ustedes.

Pueden hacerse estas preguntas:

¿Nos importa igual?

¿Es algo que se utiliza como medio de poder?

¿Tienes una relación emocional con el dinero?

¿Es algo que determina el valor de una persona?

Después de resolver el primer punto, es hora de desbloquear el siguiente nivel. ¿Cómo van a separar los roles? ¿A quién le compete qué cosas?

Para esto, hay que realizar una de las preguntas que más pueden incomodarnos; podemos tocar algunas fibras sensibles, pero es de vital importancia: ¿cuánto gana tu pareja? Es importante saberlo porque sus finanzas y su economía impactan en la vida que quieren llevar juntos, y conocer esa información les ayuda a determinar sus metas en conjunto. Recuerda que esta plática no tiene la finalidad de molestar a nadie, es sólo para saber si son compatibles.

Mientras ambos estén enterados y sepan el alcance que tienen juntos, está bien. También te ayuda a saber qué quieres o qué estás buscando en una pareja; puedes pensar en estas opciones:

¿Quiero a alguien que gane lo mismo que yo para que tengamos acceso a las mismas cosas?

¿Quiero a alguien que me mantenga en ciertos aspectos económicos?

Aunque parezca incómodo, hablar de sus capacidades económicas y sus deudas me parece la cosa más natural, responsable y adulta que pueden hacer.

> **Ésta es una recomendación mía: si tu pareja no está dispuesta a tener esta conversación, dudaría de lo que siente. No hablar de algo tan sencillo y objetivo como esto es una señal de alerta.**

PUNTO 3

Después de las pláticas "incómodas", llegó la hora de definir sus metas individuales y separarlas de las de pareja, aunque estas finanzas siempre van de la mano. Recuerda que no por estar con alguien se tiene que mimetizar todo tu dinero; tampoco tienes que cambiar algún plan a futuro, eso jamás. Con estos acuerdos pueden aclarar qué quieren hacer con su dinero en un nivel individual y en un nivel en conjunto, y el beneficio tiene que ser para ambos.

Y deben entender que si alguno no puede cumplir con alguna meta individual, menos lo lograrán en pareja; esto es algo que suele perderse de vista, pero resulta revelador cuando la relación no es lo que esperabas. Muchas personas me han preguntado:

"¿Qué hago si los acuerdos a los que llegamos me dejan sin ingresos?".

¿Cómo te preparas económicamente para quedarte sin ingresos?

Por ejemplo, en una situación en la que uno de los dos cambia de trabajo y se tienen que ir a otro país, y alguno se queda sin una entrada de dinero; o cuando deciden tener hijos y uno de los dos debe dejar de trabajar para cuidar a los niños. Está bien si vives así, pero no olvides cuáles son tus metas individuales y prepara algo de dinero para afrontar este cambio.

Se trata de que ninguno tenga que sacrificar sus metas y puedan seguir creciendo a la par.

Qué bueno que hablamos de nuestras finanzas.

Chi.

OJO: Una relación deja de ser sustentable si no construyes tu camino personal.

PUNTO 4

Ya están viviendo juntos, y ahora, ¿cómo administrarán su dinero? Ya sabes cuánto gana; subamos al siguiente peldaño, que es la empresa de la familia, la casa y cómo todo se tiene que administrar.

Cuando hacemos presupuestos de pareja, en Adulting siempre los atendemos por separado, respetamos su presupuesto individual y después adecuamos la forma en la que van a dividir sus gastos; lo hacemos de manera proporcional, es decir, en porcentajes.

Empezamos por definir qué le toca a cada quien; por ejemplo, si estipulan que van a rentar un departamento con el 30% de su sueldo, me han tocado parejas de clientes en las que alguien paga 3 000 pesos y la otra persona paga 2 000 pesos. Aunque 2 000 es menos que 3 000, ambos ponen el mismo porcentaje del dinero que ganan al mes. Para ambos significa el mismo esfuerzo, cada quien está dando lo que le corresponde. Ésta es la forma correcta de hacer un presupuesto.

Bueno, ya quedó definida la renta. Falta determinar quién se va a hacer cargo de pagar qué cosa. En Adulting lo separamos de esta manera: alguien se encarga de la renta y la despensa y el otro de los servicios. Repartir las tareas y hacer una buena administración permite que su vida financiera sea más equitativa, que realmente haya un involucramiento de ambos en lo que respecta al dinero. Los dos están gastando y revisan si les alcanza o si alguien está pagando de más; lo platican. Esto se trata de que puedan elegir las opciones más viables y vivir de manera más digna.

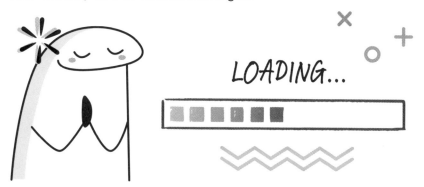

Una de las estrategias que les puedo mencionar es que tengan una tarjeta de crédito compartida, destinada sólo a los gastos de la casa. Uno de ustedes la solicita como el titular y el otro tiene una tarjeta adicional. En la tarjeta sólo se acumulan los gastos que tengan en casa, para que a fin de mes se hagan cargo de pagarlos en conjunto.

Esto también funciona para darles privacidad y que no tengan que ver los estados de cuenta del otro. Con este método ya saben que lo que se gaste en la casa les corresponde a los dos.

OJO: pueden ponerle un límite a la tarjeta para que tengan controlado cuánto le destinan a la casa.

Les recomiendo usar alguna de estas aplicaciones: Settle up o Splitwise, que funcionan muy bien porque puedes hacer un grupo con tu pareja. Además, cuentan con un módulo de ahorro. Cada uno puede meterle 1000 pesos semanales, o lo que quieran. Sirve para motivarse y ver cómo sus metas crecen en conjunto.

Y no olvides tu presupuesto y tus metas individuales, recuerda que no tienen que mezclarse con el proyecto que nombraron Casa.

PUNTO 5

Como última recomendación te sugiero casarte por bienes separados. Esto no se trata de poner en duda el amor que sientes, pero es inteligente hacerlo por si pasa algo que te afecte en cuestiones legales. Con esto puedes cuidar tu patrimonio.

Las lecciones más importantes son no tener miedo a hablar con transparencia sobre estos temas, y utilizar el dinero como una de sus mejores herramientas.

VIDA ADULTA CON HIJOS

Lo primero que tienes que hacer antes de tomar la decisión de tener hijos es prepararte; pregúntate si tu vida puede soportar ese cambio y si estás dispuesto a dar este paso. Es importante tomar esta elección con conciencia.

Hay dos formas de saber si puedes con esta nueva aventura: la primera, que tus ingresos aumentaron, tienes mayor estabilidad y seguridad para proveer otra vida, y la segunda es estar dispuesto a hacer sacrificios para poder adaptarte al nuevo presupuesto.

Te sugiero considerar antes los gastos extra, como lo son un seguro de gastos médicos adicional, educación, ropa, salud. Por ejemplo, un tema muy importante es el de la educación y necesitas saber que es una de las instituciones menos reguladas del país. El incremento de las colegiaturas está basado en lo que se les da la gana, no sube conforme a una inflación o una tasa de interés. No hay nada que estipule cuánto pagarás de un año a otro.

Voy a compartirte una tabla de cuánto ha subido la educación en México desde los ochenta, y cómo aumentó alrededor del 30% en todo ese tiempo; no hay nada que se incremente de esta forma.

INFLACIÓN ANUAL A JULIO

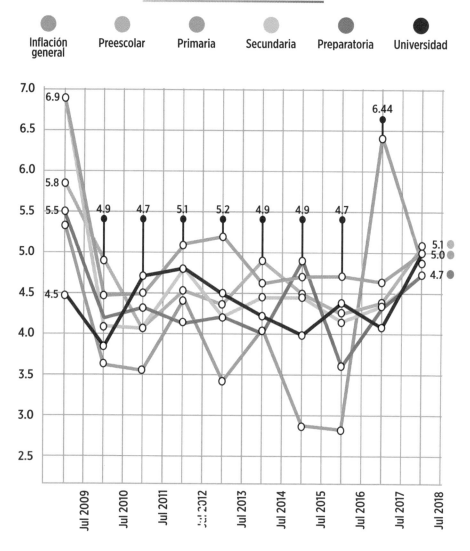

INFLACIÓN 2008-2018 (%)

Fuente: INEGI

Siempre funciona hacer un presupuesto falso sobre: "¿Qué pasaría si mañana tuviera un hijo?". Es necesaria una investigación previa para estar lo mejor preparado. Tener un hijo tendría que hacer que fueras lo suficientemente ñoño para considerar en tu presupuesto los egresos que tienes ahorita, sumándoles lo de otro integrante. Considera que los gastos van siendo mayores conforme la criatura va creciendo.

Quiero que estés consciente del cambio que viene y que sepas si te alcanza o no para tener un hijo. Lo esencial es que puedas continuar con lo básico en tu vida sin sacrificar el 30% de tu ahorro, ésta sería una media razonable. Entonces, si tus ingresos crecieron está increíble porque puedes seguir con tus metas a futuro; tal vez sea necesario recortar un poco el fondo de viajes, o que limites las visitas a restaurantes, porque ahora vas a tener que pagar doctores, ropa, lo que vaya necesitando la criatura.

Lo que quiero es que antes de que tomes la decisión estés dispuesto a aceptar el nuevo presupuesto. Es un cambio gigante en tu estilo de vida.

Y si ya planeaste este cambio, algo necesario que debes tener es un testamento y un seguro de vida. No es negociable.

En México existe el mes del testamento, es en septiembre y el gobierno promueve que las personas vayan a la notaría y tramiten este documento. En ese mes se ofrecen descuentos de hasta el 50% en honorarios, y un testamento te puede costar desde 1500 pesos. La idea de hacerlo es evitar problemas y lograr que las cosas queden claras, sobre todo si tienes más de un hijo.

Volviendo al tema de la educación, es bueno contemplar inversiones desde ahora. Hay servicios que venden las aseguradoras o hay fondos de inversión, e incluso, las mismas universidades te permiten hacer un plan a futuro. Con uno de esos servicios, puedes ir ahorrando desde el día en que tu hijo nace hasta que llega a la universidad; es un monto que inviertes y te dan de regreso cuando tu hijo cumple 18 años.

NOTA: Con las aseguradoras, estos servicios suelen incluir un seguro de vida.

Ciertas universidades, como el Tec de Monterrey, te ofrecen la opción de ir comprando materias para la prepa o la universidad. En el caso del Tec, el esquema se llama Inversión Educativa Tec. La ventaja es que compras las materias al precio de hoy, y cuando tu hijo estudie esos niveles académicos te habrás ahorrado todo el incremento que con los años pudiera tener su colegiatura.

Las escuelas privadas ofrecen un seguro de orfandad que no puedes comprar con una aseguradora. Es una inversión recomendable. El pago mínimo cuesta alrededor de 1500 pesos y aplica en caso de que el padre o tutor que se hace cargo de pagar las colegiaturas muera. En ese caso las colegiaturas quedan cubiertas y de esta manera aseguras que tu hijo siga estudiando.

NOTA: no se tienen que morir ambos padres; lo que yo hago es que cada año lo voy cambiando: un año le toca pagar al papá de mi hijo y el otro a mí.

Lesson Learned: si quieres que el bebé esté asegurado antes de que nazca, sólo puedes solicitar el seguro diez meses antes del embarazo; así quedarán incluidos los cuidados previos y cualquier percance que pueda suceder durante el nacimiento.

AHORROS

¿QUÉ ES EL AHORRO?

Es un hábito que tienes que construir día a día como parte de una disciplina propia que te dará el empujón que necesitas para realizarte en el futuro; puede ser a corto o a largo plazo: dícese un año o veinte años. Lo que quiero es que empieces a cuidarte desde ahora y que estés prevenido ante cualquier incertidumbre.

> **Ahorrar implica la acción de ocuparte para que puedas hacer realidad las cosas que sueñas.**

Es importante que te replantees cómo piensas en el ahorro y que te quites esas telarañas que te dicen que es un inconveniente. Siendo sincera, es la única herramienta a través de la cual tú tienes el control del futuro. No sabes qué pasará mañana, pero tomas consciencia y sabes que es un instrumento que hará la diferencia entre lograr cosas y no lograrlas. Hay que romper la creencia de que es un hábito malo, quitarle el prejuicio de que es un sacrificio. Me han tocado clientes que lo interpretan como si pagaran impuestos, y no es así.

La diferencia que quiero que notes es que el ahorro se convierte en el sueño que hayas elegido. Cambiar de postura te dará la facilidad de cumplir tus metas; no olvides que este cambio viene de una motivación interna y depende completamente de ti.

TIPOS DE AHORRO: EMERGENCIAS, RETIRO Y SUEÑOS

Empezaré por hablarte del tipo de ahorro más importante: el de emergencia. Debes tener en cuenta que de los tres es el único que no es negociable y es un fondo que sólo tienes que hacer una vez en tu vida. Recuerda que si lo utilizas para algún accidente o imprevisto, lo debes reponer, y si hay un aumento en tus ingresos, lo reajustas según el porcentaje que le corresponde.

> Éstas son opciones para poner a trabajar tu fondo de emergencia: Cetes, Vest (sólo déjalo ahí en dólares sin hacer compra de acciones) o HeyBanco Inversión. Te recomiendo que dividas tu fondo de emergencia en dos opciones y mantengas tu ahorro libre de la inflación. Yo tengo mi fondo de emergencia así: 50% en dólares en Vest y 50% en HeyBanco.

En un principio, se trata de que mes con mes separes el 30% de tu sueldo hasta que juntes esa cantidad; por ejemplo, si ganas 15 000 pesos, vas a separar $4 500 cada mes hasta juntar tres meses de tu sueldo: 45 000 pesos. Ya que lo tengas completo, te recomiendo meterlo en un lugar seguro.

Este ahorro es sólo para ti, no se le presta a nadie, no se invierte a alto riesgo y debe tener disponibilidad para retirarlo en plazos cortos, no más de siete días.

Te puedo asegurar que el acto que más marcó mi vida fue cuando tuve mi fondo de emergencia, la sensación de estabilidad es incomparable.

¡Con el fondo de emergencia me siento súper!

Ya que ahorraste tres meses de tu sueldo, es momento de mirar a otro lado y continuar con los siguientes tipos de ahorro: retiro y sueños. Lo ideal es que dividas ese 30% en tres metas: un 10% puede ser para el retiro, otro 10% para tu viaje y otro 10% para el enganche de tu carro. Considero que separarlo en tres metas es lo ideal, porque si piensas ahorrar para quince metas diferentes no vas a realizar ninguna.

Piensa en el ahorro como la base de tu vida, la que te hará construir finanzas estables. Recuerda que el futuro es impredecible y no hay presupuesto que aguante ese tipo de cambios.

Como recomendación te digo que el dinero que ahorras tiene que ser sólo para ti y debe estar ligado a un plan que quieras disfrutar, es un proyecto personal a futuro. Si pierdes de vista esta motivación, puede volverse complicado y tus ahorros se convierten en una especie de sacrificio insostenible. Por eso asegúrate de que sea parte de una meta.

No quiero dejar de enfatizar que tienes que ahorrar para cosas trascendentales; si quieres comprarte una cartera de Hello Kitty llena de cristales Swarovski, está perfecto, para eso trabajas. El ahorro hace que vayas cumpliendo objetivos y continúes pensando en los que vienen; para eso está ese 30%, y lo maravilloso es que vas renovando tus sueños en la medida en que los logras.

Plan para lograr ahorrar

Desde ahorita te digo que no hay una fórmula mágica que de la nada te dé un montón de dinero. Se requiere de mucha voluntad para construir tu futuro e ir por las cosas que quieres. Por eso te invito a que hagas un plan de acción y elijas hoy las metas que quieres para el mañana.

1 Lo primero que tienes que hacer es escribir en una libreta todas las cosas que quieres conseguir, todos los sueños que tengas; hazlo como una lluvia de ideas, sin temor, no hay respuestas incorrectas. Después haz una lista con las cinco más importantes, siendo la quinta la que menos importa y la primera la que más te urge. Considera que las demás opciones se van a descartar; esto lo haces para darle cierto dramatismo y que sepas distinguir lo verdaderamente importante. Aprende a distinguir tus prioridades.

> **66 Piensa en el ahorro como la base de tu vida, la que te hará construir finanzas estables. 99**

2 De esta lista vas a elegir tres metas y las otras dos vas a dejarlas en espera. La idea de esto es que ahorrar no se convierta en algo abrumador. No quiero que te termines por desanimarte o pienses que nunca vas a lograrlo.

3 El primer paso para lograr esas metas es investigar qué necesitas para cumplirlas. Es hora de investigar cuánto cuesta ese sueño, pues saber la cantidad exacta de lo que quieres te hace estar más cerca de obtenerlo.

4 Ahora, empieza a construir el plan. Ya que sabes el monto que necesitas, es momento de establecer un plazo para alcanzarlo. Por ejemplo, para comprar un auto, investigas, comparas precios y ves que el que quieres cuesta 180 000 pesos, ¿En cuántos meses planeas juntar ese dinero? ¿En un año, en dos? Es importante saber la cantidad que debes ahorrar para conseguirlo en el tiempo que determinaste. ¡Metas claras!

> **Se requiere de mucha voluntad para construir tu futuro e ir por las cosas que quieres.**

¿POR QUÉ NO SE DEBEN PAGAR LAS DEUDAS CON LOS AHORROS?

Estamos frente a la pregunta del millón, me la han hecho varios de mis clientes: "Oye Liliana, ya tengo unos ahorros y siento que es el momento de pagar mis deudas. ¿Qué debo hacer? ¿Guardarlo o pagarlo todo al contado?

Mira, si tus deudas no superan el 30% de tus ingresos mensuales, puedes pagarlas. En cambio, si rebasan este porcentaje y te llega un dinero extra, te recomiendo que no lo hagas, no es una opción rentable, no te quedes sin ahorros

Al liquidar tus deudas vuelves a sentirte libre y generas un círculo vicioso: cuando las pagas vuelves a quedar en ceros y piensas en comprar otras cosas. Tenemos que parar esto. Hazte de ahorros para los imprevistos del futuro.

DEUDAS Y CRÉDITOS

ENTENDER ENTRE ENDEUDARSE Y SOBREENDEUDARSE. CONOCE TU CAPACIDAD DE ENDEUDAMIENTO.

¿Has sentido que se quema el dinero en las manos? ¿O sientes que te excedes con algunas compras de vez en cuando? Lo importante que debes aprender es que tener deudas no es malo mientras lo hagas siguiendo las pautas de tu presupuesto; si las mantienes controladas, te ayudan a generar valor y a construir tu futuro.

Recuerda que si te excedes y gastas más del 30% de tus ingresos mensuales, comienzas a descuidar tu estabilidad financiera. Para conocer cómo se encuentra tu capacidad de endeudamiento, vas a sumar todas tus deudas y dividirlas entre tus ingresos, y ése es el porcentaje de deudas que tienes:

INGRESOS	MONTO
Salario	$10 000
Comisiones	$2 000
Bonos	$0
Vales gasolina	$500
Renta de estacionamiento	$600
Total	**$13 100**

EGRESOS	MONTO
Renta	$3 800
Servicios de casa	$600
Despensa	$1 500
Gasolina	$700
Crédito de auto	$3 200
Celular	$350
Suscripciones	$149
Shopping online	$917
Ahorro	$1 965

Las causas más comunes de endeudamiento son: la falta de educación financiera, la mala administración, la impulsividad, el mal criterio de elección de créditos y la falta de ahorros.

Todo esto puede desencadenar reacciones sobre tu salud, afecta la manera en que construyes tu futuro, te lleva a tomar decisiones desesperadas, te dificulta construir un patrimonio y te conduce a tener una relación tóxica con tu dinero.

NOTA: En México existen tres sociedades de información crediticia; las principales son Círculo de Crédito y Buró de Crédito. Estas sociedades son las responsables de gestionar y resguardar tu historial crediticio, a partir del cual se genera tu *score*. Si no te conocen, no te pueden calificar.

HISTORIAL CREDITICIO: TU *SCORE*

Es hora de abrir el siguiente nivel de la adultez. Pero primero debemos saber qué son las sociedades de información crediticia. Son empresas privadas que recaban tu comportamiento cuando una institución te otorga un crédito, qué tan puntualmente pagas, qué tipo de créditos solicitas, si pagas tus impuestos, etcétera. Y con esa información, te asignan una calificación crediticia que va de 300 a 850. Lo ideal es que tengas arriba de 650 puntos. Puedes revisar tu historial crediticio en www.circulodecredito.com.mx, gratis una vez al año.

¿Cómo puedes consultarlo?

Cada país cuenta con empresas privadas que proveen este servicio vía *online:*

- México: Círculo de Crédito y Buró de Crédito
- Argentina: Veraz, Equifax
- Colombia: Datacrédito y TransUnión
- Chile: Equifax
- Perú: Sentinel
- España: ASNEFF- Equifax

Pero, ¿cómo se compone la calificación del historial crediticio? Es muy sencillo:

35%	Historia de pagos
30%	Crédito utilizado/endeudamiento
15%	Antigüedad de créditos
10%	Nuevos créditos
10%	Mix de tipos de créditos

¿Cómo puedes mejorar tu historial? Esto lo consigues si realizas a tiempo el pago de tus créditos y si no abusas o te excedes del límite que te dan. Te recomiendo bajar mi App favorita (jaja) que es ZENFI, es gratuita y puedes consultar en minutos tu *score* y reporte crediticio de forma segura y sin que afecte tu historial. Incluso, te dan consejos de qué hacer para subir tu calificación, y tiene una integración en el SAT para que descargues superfácil tu constancia de situación fiscal y tu opinión de cumplimiento, así, de paso checas si tu contador está pagando a tiempo tus impuestos.

CRITERIOS PARA ELEGIR CRÉDITOS

¿Sabes que existen diferentes tipos de créditos y que cada uno es ideal para un determinado objetivo?

Las instituciones financieras ofrecen diferentes tipos de créditos, y para despejar las dudas de cuáles son o cuáles deberías pedir, te explicaré qué debes tomar en cuenta cuando los solicites.

No sabes qué tan impredecible puede ser el futuro, por eso quiero que estés lo mejor preparado, sobre todo cuando llega fin de mes y pueden agobiarte un mar de deudas. Una mañana se te juntan los pagos fijos: el agua, la luz, el internet; además se descompuso el coche y es el cumpleaños de tu mamá. Una situación así nos hace pensar que tendríamos que recurrir a un crédito que nos apoye para solventar las facturas.

La primera recomendación que puedo darte es que rompas con el mito de que un crédito es malo y de que sólo va a endeudarte. Velo como una herramienta que te da bienestar, aprende a usarlo con responsabilidad y de manera adecuada. Usado de forma equivocada podría afectar tu calidad de vida y tus finanzas.

Entendamos que un crédito es una cantidad de dinero que te prestan con la obligación de que lo pagues en un plazo determinado. Te sirve para adquirir bienes o servicios que no podrías comprar de contado,

y lo más importante, implica que te comprometes a liquidarlo con el dinero que generes en el futuro.

Antes de que te decidas a pedir uno es importante tomar en cuenta estos sencillos pasos, para que tengas bien claro cuál es tu capacidad de pago:

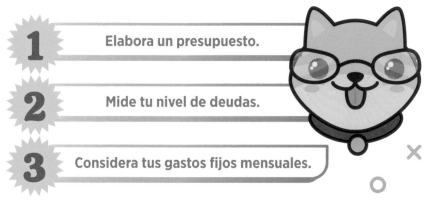

1 Elabora un presupuesto.

2 Mide tu nivel de deudas.

3 Considera tus gastos fijos mensuales.

Te dejo este pequeño glosario con los conceptos que debes de conocer si estás pensando en adquirir un crédito.

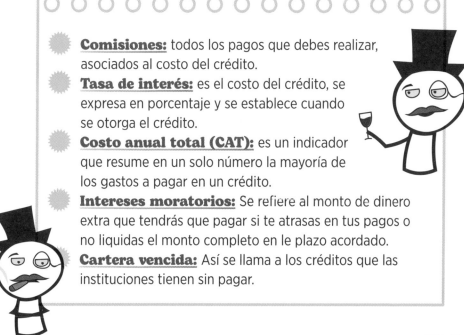

- **Comisiones:** todos los pagos que debes realizar, asociados al costo del crédito.
- **Tasa de interés:** es el costo del crédito, se expresa en porcentaje y se establece cuando se otorga el crédito.
- **Costo anual total (CAT):** es un indicador que resume en un solo número la mayoría de los gastos a pagar en un crédito.
- **Intereses moratorios:** Se refiere al monto de dinero extra que tendrás que pagar si te atrasas en tus pagos o no liquidas el monto completo en le plazo acordado.
- **Cartera vencida:** Así se llama a los créditos que las instituciones tienen sin pagar.

Después de esta pequeña introducción, te compartiré los **tipos de crédito** que hay para que sepas cuáles son y en qué situaciones solicitarlos.

CRÉDITO PERSONAL

YES!

Se caracteriza por ser un crédito abierto que puedes utilizar para lo que desees, no es necesario tener un fin específico. Con él, puedes aprovechar para remodelar la casa, comprar una lavadora o pasar este año nuevo en la playa. Suele ser un crédito un poco más caro que los otros, porque no necesita de una garantía material como tu casa o tu carro.

Antes de contratarlo, investiga si los intereses son fijos, así sabrás cuánto tienes que pagar mes a mes, o si tiene una comisión que debas dar por apertura.

CRÉDITO EDUCATIVO

Con este tipo de crédito puedes pagar la educación de tus hijos o continuar con tus estudios. Consiste en un apoyo económico que el alumno obtiene a través de una institución educativa que tenga algún convenio con una institución financiera. La buena noticia es que en México suelen ser créditos baratos en lo que respecta a la tasa de interés.

Por fin... ¡Mi título de economista!

NOTA: el plan de pagos y los plazos se pueden ajustar a la necesidad y capacidad de pago de cada solicitante.

CRÉDITO HIPOTECARIO

Llegó el momento de dejar de rentar o de vivir con tu mamá. Si estás buscando comprar una casa pero no cuentas con la liquidez necesaria, no te agobies, puedes solicitar un crédito hipotecario para alcanzar tu sueño.

Cuando uses este tipo de crédito, te recomiendo que estés consciente de lo que vas a hacer, porque representa una gran responsabilidad contigo; cuando lo solicitas, tu casa se queda como garantía. Y esta deuda ocupará un lugar importante en tus gastos mensuales. Pero no te preocupes, analiza primero tus opciones.

Las deudas por solicitar este crédito pueden ser de mediano a largo plazo, entre 5 y 30 años. Así que toma en cuenta lo siguiente:

> **El porcentaje del enganche será proporcional al costo de la propiedad.**

> **Cuentan con una tasa de interés fija.**

> **Hay otros costos que debes tomar en cuenta, como la cuota de apertura, el pago por el avalúo, la escrituración y el seguro de vida.**

CRÉDITO AUTOMOTRIZ

Si llevas tiempo con el deseo de comprar un coche y sabes que para conseguirlo se requiere de mucho dinero y esfuerzo, te recomiendo solicitar un crédito automotriz. En la actualidad existen financiamientos con pagos que se ajustan a tu cartera.

Recuerda que cuando solicitas un crédito debes buscar el que mejor se acople a tu capacidad de pago. Revisa bien lo que te ofrecen, cuáles son los beneficios y las restricciones. Si ves que tu presupuesto se modifica y no puedes con el gasto, no asumas este tipo de financiamiento.

Elige tu auto.
Revisa que cumpla con todos los requisitos para un crédito automotriz. Recaba toda la información que necesites para saber de cuánto dinero vas a solicitar tu préstamo.

El enganche.
Es el pago inicial que das para comprar un auto, y su monto depende de cuánto cueste el coche. Cuanto más dinero des en un principio, menores serán los pagos.

Tasa de interés.
De preferencia, elige una tasa fija para que sigas pagando lo mismo hasta que termines de pagar tu crédito.

Compara.
Sé paciente y compara por lo menos en tres concesionarias o marcas diferentes de automóviles.

Nota: Recuerda que a la hora de solicitar un financiamiento debes preguntar por el CAT, en breve te explicaré para qué sirve y cómo se calcula. Esto es algo que tienes que analizar antes de pedir algún tipo de crédito.

> ❝ **El CAT es el Costo Anual Total, una medida que se emplea para conocer el costo de un crédito, y se expresa en términos porcentuales anuales; por ejemplo: CAT 40%. Incluye elementos como la tasa de interés, la anualidad y las comisiones, y te permite comparar las diferentes ofertas de crédito de manera independiente y saber si es a corto o largo plazo.** ❞

Esto funciona para que los usuarios tomen la mejor decisión con respecto al costo de su financiamiento. Pero, ¿por qué? Funciona porque integra todos los elementos que tendrás que pagar al final. Por ley, todas las instituciones financieras tienen que comunicar cuál es este indicador, debe aparecer en el estado de cuenta de cada uno de sus productos.

En el caso de las tarjetas de crédito, el CAT te ayuda a visualizar de forma clara el costo real de tu financiamiento.

TARJETAS DE CRÉDITO

¿QUÉ PASA CON LAS TARJETAS DE CRÉDITO? ¿CONVIENE TENER ALGUNA?

Las tarjetas de crédito llegaron para cambiar la relación que tenemos con el dinero. Su eficacia depende de la forma en la que las usas y para qué las usas. En México, durante el 2021 las deudas con tarjetas de crédito aumentaron un 17.93%.[4] Una de las principales causas de esto es la falta de entendimiento a la hora de usarlas.

Si estás pensando en solicitar tu primera tarjeta y quieres saber las ventajas que te ofrecen, vamos a desbloquear el siguiente nivel de la adultez.

Es hora de darte la bienvenida al mundo de las tarjetas de crédito; a lo mejor no tienes idea qué son y cómo funcionan, pero descuida, iremos paso a paso revelando sus todos sus secretos.

---

[4] Solís, Arturo. C (2021) *Mexicanos dicen adiós a las tarjetas de crédito, cancelan 1.6 millones y morosidad sube.* Forbes México. Economía y finanzas. Recuperado el 12 de abril de 2021. https://www.forbes.com.mx/finanzas-tarjetas-credito-cancelan-morosidad/

OBTÉN TU PRIMERA TARJETA DE CRÉDITO. ¡PIÉRDELE EL MIEDO!

Primero, una tarjeta de crédito es un método de pago, físico o virtual. Las ofrecen principalmente los bancos o instituciones financieras y puedes utilizarla para pagar productos y servicios alrededor del mundo. El beneficio que otorgan es el de no usar tu dinero en ese momento, sólo que tienes la obligación de pagarlo días después.

De acuerdo con la Condusef, existe gran variedad de tarjetas de crédito en México. Son cerca de 132 diferentes tipos y se pueden clasificar en: clásicas, oro, platino, estudiantiles, de autoservicios, blindadas, departamentales... Por eso, entiendo que puede ser complicado elegir alguna o saber cuál es la que mejor se acomoda a tus necesidades.

Recuerda que la mejor tarjeta es aquella que se ajusta a tu perfil personal y a tu capacidad de pago. Antes de contratarla, infórmate sobre los servicios que brinda, además de los aspectos fundamentales, como el CAT (costo anual total), las comisiones, la anualidad, la tasa de interés, las recompensas, los beneficios, etc.

> **Recuerda que la mejor tarjeta es aquella que se ajusta a tu perfil personal y a tu capacidad de pago.**

A diferencia de las tarjetas de débito, como en la que te depositan tu nómina y con la que gastas sólo el dinero que tienes disponible, con una tarjeta de crédito usarás el crédito de alguna institución financiera y tendrás que pagarle en un plazo determinado por la institución: normalmente dentro de 20 hasta 50 días posteriores. En realidad es un préstamo que te ofrece el banco y te permite comprar o pagar algún producto de manera inmediata; posteriormente tendrás que devolverle al banco el dinero que te prestó por las mercancías que adquiriste.

Una vez que hayas decidido qué tarjeta se adapta mejor a tus necesidades y haya sido aprobada por la institución, te otorgarán un plástico o una tarjeta virtual personalizada con un número de identificación único, una fecha de vencimiento y un código de seguridad. Estos datos te servirán más adelante para concretar tus compras.

NOT BAD

MEJORA TU HISTORIAL CREDITICIO

Al tener una tarjeta de crédito te pones en el radar de las instituciones financieras, y utilizarla adecuadamente mejorará tu reputación crediticia. Piensa que tratarla de la mejor manera te abrirá las puertas para otros productos financieros, o tarjetas con mayor saldo, y a créditos hipotecarios o vehiculares.

PAGOS Y COMPRAS

En la actualidad, la mayoría de los establecimientos aceptan pagos con tarjeta. Si no estás seguro de que acepten este servicio, acércate y pregunta al encargado si reciben esta forma de pago; ten en cuenta que para poder realizar el cobro, la tarjeta debe ser leída por la terminal para que se pueda procesar.

LOS BÁSICO DE TU TARJETA DE CRÉDITO

Para evitar que seas parte de las estadísticas de endeudamiento, te explico cuáles son los términos básicos que debes conocer para entender cómo funciona tu tarjeta de crédito. Ve a las siguientes páginas.

Términos básicos para entender cómo funciona tu tarjeta de crédito

Límite de crédito: es el monto máximo de crédito que te otorga la institución financiera. Sin embargo, es recomendable que no lo uses todo.

Comisión anual: es el monto que te cobrarán año con año sólo por proveerte el servicio de la tarjeta de crédito una vez que esté activa. Incluso si no la usas, te cobrarán la comisión anual y los intereses de lo que hayas llegado a gastar. Existen varias tarjetas que son libres de comisión anual.

Fecha de corte: es el día en el que el banco hará la suma total de todos los gastos que realizaste en un determinado periodo para que los pagues antes de la fecha de pago.

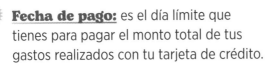

Fecha de pago: es el día límite que tienes para pagar el monto total de tus gastos realizados con tu tarjeta de crédito.

Pago mínimo: es el monto mínimo que te pide el banco que pagues para evitar penalización. Si no pagas el total de lo que gastaste, se generarán intereses por la cantidad que se adeuda; ten cuidado con eso.

Pago mínimo más meses sin intereses: es el monto mínimo a pagar, más tus mensualidades sin intereses; este monto TAMBIÉN genera intereses, por lo que debes medir tus gastos.

Pago total para no generar intereses: éste es el monto total que debes pagar de tu tarjeta de crédito en la fecha de pago indicada, para evitar generar recargos, penalización e intereses. Si cumples con este pago en tiempo y forma, ¡estarás libre de deudas!

Ten en cuenta que tener una tarjeta de crédito y utilizarla de manera correcta puede convertirse en una herramienta indispensable que te dará grandes beneficios.

> ❝ **No pienses en ella como un lujo, sino como una necesidad; lo importante es que sepas sacarle el mejor provecho, cuidarla bien y ajustar tus finanzas.** ❞

Evita que se convierta en tu peor pesadilla y pierde el miedo a utilizarla con responsabilidad.

ESTRATEGIAS PARA SALIR DEL SOBREENDEUDAMIENTO

¿Has tenido un parito cardiaco al ver tu recibo de cuentas? ¿O no has visto la luz al otro lado del túnel? ¿Estás cansado de que mes con mes tengas que pagar deudas que no acaban?

Digámosle basta a esta situación con estas tres estrategias:

1 La psicológica

Te recomiendo hacer una lista de todas tus deudas; ordénalas de menor a mayor monto. Enfócate en pagar primero la de menor monto. No generes deudas nuevas que no sean importantes, debes seguir el orden hasta encontrar un balance o que lleguen al 30% de tu sueldo mensual.

2 La *smart*

Haz una lista de tus deudas, ordénalas según la que tenga la tasa de interés más alta y empieza a pagar la más cara, dando aportaciones adicionales o buscando opción de recompra de deuda.

3 La creativa

Veamos cómo pagar las deudas sin que tengamos que empeñar el anillo de la familia. Para esto, considero las siguientes opciones que te pueden ayudar a desaparecer esa deuda:

- Solicita un préstamo familiar o de amigos, ofreciendo pagarles la mitad de los intereses actuales.
- Negocia el congelamiento de deuda o renegocia las condiciones con el mismo banco.
- Evalúa solicitar crédito, como en yotepresto.com, que es *online* y es de los que tienen las tasas más bajas y en minutos te dicen si te aprueban el crédito. También lo puedes pagar antes, si así lo deseas, sin penalización.

Te recomiendo escuchar mi audiolibro en Beek app llamado *Me urge salir de deudas,* para mayor información.

❝ NOTA:
Identifica tus deudas y elige la estrategia más viable para tu vida financiera. ❞

¿COMPRAR O RENTAR?

¿Te has cuestionado si quieres comprar una casa? ¿Está en tu lista de deseos?

Aunque no lo creas, mucha gente busca adquirir una casa porque culturalmente se nos ha dicho que es necesario, que tenemos que hacernos de un patrimonio. Pero la realidad va cambiando y no necesariamente ésta tiene que ser una de tus metas.

Por ejemplo, si piensas en comprar una casa por temas de inversión, ya no conviene como antes, la plusvalía que generan los bienes raíces ya es escasa; esto sucede en los lugares donde las viviendas son muy caras, y por regla general, cuanto más caro sea el espacio donde vives, menos plusvalía vas a tener.

Price to rent ratio. Para saber si te conviene comprar o rentar, haz el siguiente ejercicio: divide el precio del inmueble entre el promedio de renta anual. Lo ideal es que salga abajo de 20 para que te convenga comprar. Si sale más alto, es mejor rentar.

En México, la plusvalía de los inmuebles ronda entre el 5% y el 7%.[5] Si quieres comprar un inmueble para tener una inversión, busca un lugar que no tenga hipoteca, para que puedas ver los beneficios reales de invertir ahí. Si piensas comprar una casa por estabilidad para no tener que preocuparte de nuevo por la renta, está perfecto, sólo asegúrate de que este sueño sea tuyo y no una imposición de la sociedad por tener algo propio.

> **Si eres alguien conservador y buscas invertir, los bienes raíces pueden darte la sensación de tener menos riesgos.**

Te daré unos consejos que tienes que considerar si estás pensando hacerte con un patrimonio.

5 Fuente: Tinsa (Información anual del 3T2019-3T2020).

¿CUÁNTO QUIERES INVERTIR EN TU CASA?

Considera que si solicitas créditos hipotecarios, éstos pueden ser de hasta 20 años. Esto no quiere decir que no puedas pagarlos antes, o que no te dejen adelantar mensualidades para liquidarlos.

Hay una regla que te puede funcionar si quieres calcular cómo quedaría tu presupuesto con un préstamo hipotecario: por cada millón de pesos que pidas, vas a tener que pagar 10 000 pesos de hipoteca. Por ejemplo, si compras una casa de 4 millones, tu hipoteca sería de 40 000 pesos.

Te contaré un truco que hizo una de mis clientas: ella pagaba $15 000 de renta, y quería pagar lo mismo por su hipoteca, pero ningún departamento de un millón y medio se parecía a lo que estaba rentando, entonces ahorró un millón y medio y lo utilizó como enganche. Adulting le ayudó para que el banco le prestara otro millón y medio y de esa forma logramos que pagara los 15 000 pesos que quería desde el principio.

Pasos para comprar tu primera propiedad

Check list antes de comprar:

☑ Primero, tener un fondo de emergencia.

☑ Tener un presupuesto que lleves practicando al menos por un año.

☑ Tener un nivel de endeudamiento muy bajo; si es más del 30%, no lo hagas.

☑ Tener por lo menos el 20% del valor de la propiedad. Que equivale al enganche.

Con este *check list*, estás listo para considerar comprar un inmueble.

Ya junté para el enganche.

SEGURO DE CASA

Este seguro se lo recomiendo a gente que ya tiene un inmueble propio y que no está pagando una hipoteca.

Pensemos que heredaste la casa de tu tía y no tienes que rentar ni pensar en la hipoteca. Te sugiero que contrates este seguro para tu casa, no son caros. Lo que aseguras es la construcción; si mañana tiembla y se cae todo, tienes asegurado el valor de la construcción. Además, el seguro te protege en caso de que haya un robo.

Este tipo de seguros no son nada caros, valen lo mismo que un seguro de autos; por ejemplo, un cliente aseguró su departamento por un millón y medio de pesos y el seguro le costó menos de 8 000 pesos al año.

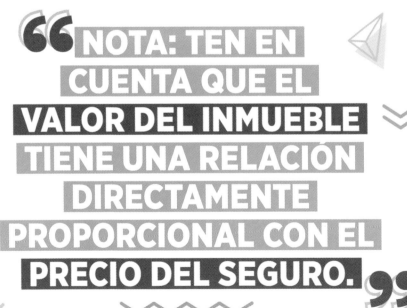

"NOTA: TEN EN CUENTA QUE EL VALOR DEL INMUEBLE TIENE UNA RELACIÓN DIRECTAMENTE PROPORCIONAL CON EL PRECIO DEL SEGURO."

Llegó la hora de pensar en tu retiro. Si no lo habías hecho, es el momento de planear tu futuro. Lo primero que vas a hacer es calcular la cifra a la que tienes que llegar. Te daré dos opciones para poder lograrlo:

OPCIÓN 1:

1. ¿Cuánto ganas al mes?
2. Multiplica esta cantidad por 12.
3. ¿A qué edad crees que vas a trascender en el trabajo?
4. ¿A qué edad te quieres retirar?
5. Resta esas dos edades.
6. Multiplica el punto 2 (ingresos mensuales) por la edad en años del punto 5.
7. Réstale el 30% si tienes afore/pensión (para más fácil, multiplica la cifra por 0.7).
8. Resta tu edad de retiro menos tu edad de hoy.
9. Divide el monto del punto 7 entre el resultado del punto 8.
10. Divide ese monto entre 12 para saber cuánto debes ahorrar al mes.

Ya es tiempo de planear tu retiro.

OPCIÓN 2:

1. ¿Cuánto gastas al mes?
2. Multiplícalo por 12.
3. Divide tus gastos anuales entre 0.03.
4. Calcula ese monto, pero con la inflación para que estés listo cuando llegue tu retiro.

NOTA: a partir de 2022, casi todas las afores cobrarán la misma comisión: .57%

Las afores como opciones para tu retiro:

- Son a largo plazo.
- Son ideales para ahorrar hasta el 10% de tus ingresos individuales.
- 1er beneficio fiscal: deducir hasta el 10% de tu sueldo anual.
- 2º beneficio fiscal: cuando te entreguen tu fondo a los 65 años, está libre de ISR y de pagos mensuales o anuales por cierto plazo. Las afores se invierten en fondos y cobran comisión.

NOT BAD

INVERTIR

Si piensas entrar en el mundo de las inversiones, éste es el capítulo que estabas esperando.

Puede ser complicado al principio, para mí lo fue, tal vez porque me costó trabajo reunir mi dinero. Y antes de dar este paso, primero tuve que entender cómo iba a manejar mis finanzas y cómo podía hacerlas crecer. Al menos desde mi perspectiva, me tardé un poco; no invertía porque quería darle orden a mi economía y sentía que ese mundo se veía lejano para mí.

> **Cuando fundé Adulting, uno de mis objetivos era <u>no seguir perdiendo el tiempo sin invertir</u>, y ya llevamos tres años haciendo inversiones. Y déjame decirte que no es nada del otro mundo.**

Sin embargo, tienes que saber que de las finanzas personales es la categoría que requiere poner más tiempo inicial, es decir, entender de qué va, cómo se maneja y cuál es tu perfil. Para hacerlo necesitas el 100% de entendimiento de lo que vas a hacer, y conocer bien aquello en lo que vas a invertir.

Mi objetivo en este capítulo es que te motives a hacerlo y que empieces a invertir; no importa si es con poquito dinero, ya estás avanzando para conseguir tus sueños. La primera recomendación que te hago es que las inversiones se tienen que diversificar; cuantas más opciones tengas, mejor. Para ello, te voy a hablar de las posibilidades que tienes para empezar y los riesgos que tiene cada una; y si en algún momento hay alguna pérdida, puedas aceptarla. También voy a mencionarte productos de inversión moderada, para que no te estreses.

Antes de comenzar, quiero que entiendas que habrá inversiones que salgan bien y otras que salgan mal; el punto es que inviertas con un riesgo que puedas tolerar. Porque el estrés que causa el dinero es diferente al que causa el de pareja o el del trabajo. Cuando les preguntaron a los *millennials* que les causaba más estrés, el 84% respondió que el dinero era la causa número uno: antes que la salud, la familia y el trabajo.[6]

¡A invertir!

Se han realizado estudios que indican que puede llegar a reducirse el IQ de personas con endeudamientos muy altos. El estrés impide pensar claramente. No es raro escuchar que la gente hace cosas desesperadas por dinero.

---

[6] Fuente: UBS Investor Watch.

Otro dato importante para que te motives es que el 64% de los *millennials* creen que no tienen dinero para invertir,[7] pero eso es un error, puedes comenzar a hacerlo con 20 pesitos. Y si soy sincera, hoy es necesario invertir, no es algo opcional. Con una inflación tan alta, los precios de las cosas van a subir más del 7% y tienes que estar preparado.

La primera creencia que te invito a romper es la idea de que en tiempos pasados la gente era rica y podía invertir, los ricos eran quienes tenían contacto directo con la bolsa de valores. A mí nunca me tocó ver a mi papá decirnos: "Voy a invertir"; con frecuencia le llegaban avisos de atraso en pagos, ¿cómo iba a pensar en eso?

Bueno, ahora ya no es para ricos y puedes empezar a hacerlo desde una app. Nos toca a nosotros desarrollar esa habilidad para estar preparados ante cualquier incertidumbre. También —dato importante— está comprobado que la gente que invierte se siente más feliz y más estable. En mi caso, la primera decisión que me cambió la vida fue tener mi fondo de emergencia, y la siguiente fue cuando decidí empezar a invertir; me dio un nivel de empoderamiento diferente, me dejó tomar otras decisiones y sentirme más segura.

> **"... el 64% de los *millennials* creen que no tienen dinero para invertir,[8] pero eso es un error..."**

---

[7] Fuente: UBS Investor Watch.
[8] Fuente: UBS Investor Watch.

Esto no quiere decir que si no cumples con estos pasos vas a fracasar. Sólo está padre que si vas a invertir o ya empezaste a hacerlo, leas estos pasitos para comprobar los detalles que te hacen falta o cómo debes hacerlo mejor:

1 *Mindset* **correcto y activo**

En inversiones, es bien importante saber por qué quieres hacerlo. Muchas veces, cuando les pregunto a mis clientes en Adulting: "¿Por qué quieres invertir?", las respuestas suelen ser las mismas: "Quiero tener más dinero" o "Quiero ser rico". Mucho de este pensamiento viene con la idea de "sólo dame dinero fácil y rápido". Y éste no es el *mindset* correcto.

Alguien que sólo busca hacer dinero por hacerlo, seguramente elegirá inversiones que son fraude, porque prometen estructuras piramidales o rendimientos ridículos que no son reales. Esto suele suceder porque no vemos el panorama completo.

Así que comienza y establece un objetivo por el que quieras invertir; dale un nombre. Verás que lo tratas con un valor diferente. No es lo mismo decir "Este dinero es para mi viaje" que decir "Es para mi operación"; son cosas diferentes y requieren tiempos y actitudes distintas.

2 Define por qué quieres invertir

En este paso necesito que ligues tus ganas de invertir con un objetivo real y que recuerdes que esto no lo haces con la prioridad de hacer más dinero. Como recomendación, te sugiero separar las inversiones que pienses hacer para el retiro y que las otras inversiones las pienses como metas; no se vale escribir: "Quiero un millón de pesos". ¡NO! ¿Para qué? ¿Con qué objetivo? A mí dime: "Quiero invertir para mi maestría, para el enganche de mi casa, para mi carro".

Quiero una tina de oro para que combine con mi dinero.

3 Controla tu deuda

Una de las cinco preguntas que más me hacen en Adulting es: "Oye, Liliana, ¿qué es mejor, pagar mis deudas o invertir? Y siempre pasa que llega un dinero extra y nos preguntamos qué hacer con él.

La respuesta es sencilla:
si tienes un dinero extra, primero checa que tus deudas no superen el 30% de tus ingresos. Si es menor que este porcentaje, utiliza tu dinero para invertir. En cambio, si se eleva y, por ejemplo, te encuentras en un 37%, utilízalo para bajar la deuda e invierte lo que te sobre.

> **... ¿qué es mejor, pagar mis deudas o invertir?**

4 Establece tu fondo de emergencia

Como regla básica, si vas a invertir y quieres echarlo todo a las criptomonedas o el metaverso, primero haz tu fondo de emergencia. Si ya tienes un dinero ahorrado, mira si ya cumpliste con este paso y no toques ese fondo. Lo que te sobre, lo puedes invertir.

5 Identifica el monto a invertir

Es importante saber cuánto piensas invertir. Así puedes determinar el riesgo que quieres tomar.

6 Haz una lista de tus metas

Finalmente, espero que cuando termines con este apartado le dediques dos minutos más y hagas lo que te voy a pedir: haz una lista con todo lo que quieres lograr.

Haz una lluvia de ideas, el cielo es tu límite. Después, elige las cinco más importantes y ponlas en orden según la prioridad que tienen en tu vida. Define el tiempo en el que quieres lograr la meta.

Asigna un plazo: <u>corto</u> es de 0 a 2 años; <u>mediano,</u> de 3 a 6 años, y <u>largo,</u> de 7+ años.

Define el monto necesario que proyectarás para cada meta. Si empiezas a planear antes de invertir, puedes ver el panorama y sabes qué tan viable es que lo consigas. No descartes este paso, es muy importante.

Esto puede sonar bien choteado y seguro lo has escuchado miles de veces, pero te voy a decir dos cosas importantes: lo primero es descubrir qué tipo de persona eres y cómo reaccionas ante el riesgo; es el trabajo de conocerte a ti mismo y ser honesto contigo. Cuando inviertes necesitas saber cómo vas a manejar este proceso de victorias y fracasos en un terreno donde los riesgos siempre están presentes.

Te digo esto porque las inversiones tienen que hacerte sentir bien, con la consciencia de que estás construyendo algo a futuro. Si vas a invertir y pasas toda la noche en vela pensando: "¡Ay, soy un estúpido, metí todo el dinero! Lo voy a perder", desde ahorita te digo que ésa no es la actitud.

Con frecuencia la gente piensa que invertir es más arriesgado de lo que realmente es, y te lo digo por experiencia. Por ejemplo, en Adulting siempre les preguntamos: "¿Estarías dispuesto a perder el 30% de tu dinero para ganar el 50%?", y casi siempre nos responden: "¡Sí, sí, claro! Puedo soportar el riesgo". Pasan dos meses, y acto seguido, por alguna razón bajan sus fondos y ya quieren sacar su dinero. Es cuando les digo: "Resulta que no estás tan preparado como tú creías. Conócete".

El segundo punto es decidir el grado de riesgo al qué vas a invertir; cada una de tus inversiones puede tener uno diferente: por ejemplo, puedes hacer una inversión de alto riesgo con 5 000 pesos sabiendo que puedes perderlo, y en otra, ir despacio y moderado si tienes miedo de perder un millón de pesos. Lo que quiero que veas con esto es: ¿cuánto estás dispuesto a perder a cambio de lo que quieres ganar?

> ❝ **Cuanto <u>más jóvenes</u> sean es más factible que puedan tomar <u>riesgos altos.</u>** ❞

A veces llegan a Adulting señores de 60 años que quieren invertir su pensión, y lo hacemos de la manera más ñoña. Por eso, es importante saber qué factores están pasando en tu presente: si tienes hijos o estás cuidando a tu mamá, ten en cuenta que todo implica un riesgo diferente. Otra cosa que no debes olvidar es tu experiencia y tus hábitos financieros; invertir no es lo mismo para alguien que tiene el 30% de endeudamiento que para alguien que lo mantiene en un 10%.

Ahora sí, ponte el cinturón porque después de esta introducción es el momento de hablar de los perfiles de inversionista.

Hay tres perfiles:

El conservador. Eres principiante y quieres comenzar esta aventura. Tienes metas a corto y mediano plazo. Ya no eres un jovenazo. No sabes lidiar con la incertidumbre. Y no toleras arriesgar más del 5% de tu inversión. Prefieres poco, pero seguro. Tu objetivo es mantener tu dinero sin perderlo.

El moderado. Estás pensado en subir de nivel y tienes mayor experiencia. Tienes metas a mediano plazo; entiendes que hay que arriesgar un poco para ganar más. No toleras arriesgar más del 20% de tu inversión y tu objetivo es aumentar tus ahorros a largo plazo.

NOTA: Hace tiempo, un señor me dio un consejo que podría funcionarte; me dijo: "Si piensas en invertir vas a necesitar nalgas". Esto es algo que tienes que saber: las inversiones necesitan tiempo y debes aprender a esperar.

En este nivel de inversiones entran los seguros de inversión y los fondos de inversión con renta variable o fija.

¿Qué significa que sean de RENTA FIJA o de RENTA VARIABLE?

Te explico: **renta fija** significa que te van a especificar qué día y cuánto te van a pagar cuando termine tu plazo de inversión; eso quiere decir que no tienes que adivinar, no es un acto de fe ni es una proyección, aquí conoces al 100% los números reales. En cambio, con la **renta variable** te van a dar una proyección de lo que podrías ganar, pero no están seguros de que eso vaya a suceder.

El agresivo. No le tienes miedo a nada. El riesgo es tu pasión, tienes la actitud de agarrar tus 50 000 pesos y apostarlo todo al rojo; tu estómago lo soporta todo, sabes que lo que invertiste puede desaparecer y estás dispuesto a esto con tal de ganar 80 000 pesos. Entras en este tipo de perfil si sabes que no vas a necesitar de ese dinero pronto, o mucho tiempo después.

En muchas de los afores se invierte con un perfil agresivo. Tu objetivo es incrementar tu dinero y su rentabilidad.

En este nivel puedes invertir en la bolsa, criptomonedas, negocios de alto impacto o emprender.

INSTRUMENTOS DE INVERSIÓN

Muy bien, por fin hemos llegado. Te voy a explicar cuáles son los instrumentos para que puedas invertir según tu perfil. Empezaremos por los más seguros e iremos subiendo de nivel poco a poco. Voy a contarte cuáles han sido mis experiencias, además de cuáles son las cosas buenas y las malas de cada uno, para que tengas la oportunidad de elegir el que vaya más contigo.

CETES

Ante la pregunta: "Yo nunca he invertido, Liliana, ¿qué puedo hacer?", la primera opción que te doy son los cetes.

OJO: Aquí puedes invertir tu fondo de emergencia.

Esta opción va para ti, persona moderada. Los cetes son una iniciativa del gobierno. La implementan cuando van a construir carreteras, aeropuertos o infraestructura de primera, y obviamente no lo van a hacer con el dinero de nuestros impuestos, ino, señor! Lo que hacen es pedir a los ciudadanos un préstamo para que puedan construir lo que necesitan, y el gobierno, después de un tiempo, te regresa el dinero con un rendimiento. Ésa es la razón de los certificados de la tesorería (cetes), o los bonos de desarrollo gubernamentales.

Esta opción nos da la oportunidad de invertir en nuestro país, y es de lo más seguro que hay. Sé que suena contradictorio, sobre todo porque en Latinoamérica, gobierno y seguridad no van de la mano. Pero te aseguro que sí lo es, porque está respaldado por el gobierno y se cuenta con un fondo especial en caso de que el gobierno no pueda pagar ese dinero.

> **"Esta opción nos da la oportunidad de invertir en nuestro país, y es de lo más seguro que hay."**

En esta opción tu dinero siempre está asegurado. Es lo que menos riesgo tiene cuando piensas en empezar a invertir. Sólo te aclaro, nadie se hace rico invirtiendo en cetes o en bonos.

Pero, ¿cómo funciona? Sencillo, tú escoges el plazo al que quieres invertir; puede ser de un día o 28 días, y va hasta 30 años. La buena noticia es que en los CETES puedes poner tu fondo de emergencia y siempre estará seguro, porque, sin importar a qué plazo lo metas, puedes retirarlo cuando sea y cancelar el servicio.

Tienes la ventaja de poder decirle al gobierno: "Lo necesito antes de los 28 días", y ellos te dicen: "Ok, pero no te voy a pagar todo lo que te prometí". Esto pasa porque no te quedaste todo el tiempo que acordaste, pero sí te lo regresan.

Algo muy pro que te ofrecen los cetes, y por lo cuál te los recomiendo, es que son la tasa de referencia para todas las inversiones; es decir, si no sabes nada de inversiones y llega alguien a prometerte que si inviertes con ellos te van a dar el 10%, de inmediato puedes compararlo con los cetes para ver qué te ofrecen, y a partir de ello tomar la decisión sobre qué quieres y cuáles son los mejores rendimientos.

Por ejemplo, si llega un güey y te dice que va a pagarte el 10% a renta fija, en el mismo plazo que tiene cetes, con un riesgo muy bajo, vale la pena. Pero si te dicen que te van a dar el 10% con un riesgo muy alto, no lo vale. Por eso es tan importante comparar con los cetes y tomar la mejor decisión.

Pagarés

La siguiente opción ñoña de la lista son los pagarés. Significan un acuerdo entre dos entes: uno presta dinero y el otro firma que se lo va a regresar. En el acuerdo se especifica qué día y cuánto va a devolver. También son de renta fija. No existe ningún pagaré que ofrezca una proyección. Todos los bancos dan este servicio. Ésta es una buena opción para invertir tu fondo de emergencia.

> Este pagaré sí que paga.

Yo, oficialmente, te voy a recomendar el de HeyBanco. ¿Por qué? Se trata de un banco *online*. Dentro de la aplicación hay una modalidad que dice "Invertir". Cuando estés dentro puedes poner ahí tu fondo de emergencia. Es un pagaré de 7 días que se renueva cada semana. Es el pago que más te ofrece ahora: paga el 9% anual, y es un poco más de lo que obtienes con cetes. Por eso es bueno comparar lo que te da cada servicio.

La buena noticia es que cualquier banco está protegido por el IPAB; si mañana HeyBanco va a la quiebra o cierra por hacer fraude, o lo que sea, te pagan hasta 400 000 UDIS, $2 700 millones aprox.

OJO: Este modelo sigue siendo conservador.

Sofipos

La siguiente gran opción son las sofipos (lamentablemente, no existen fuera de México). Son Sociedades Financieras Populares que están a un pasito de convertirse en bancos. Se crearon en México para aumentar el número de inversionistas.

Son empresas privadas y están reguladas por la Comisión Nacional Bancaria. Entre las opciones que puedes elegir se encuentran: FINSUS, kubo.financiero y SuperTasas.com, entre otras.

Esto es lo que se llama un instrumento de deuda, es otro concepto que suena *nice*, pero ¿qué significa? Son documentos necesarios para hacer válidos los derechos de una transacción financiera, llámense contratos. Esta opción te permite invertir en plazos cortos y medianos. Casi no hay sofipos que te dejen invertir más de un año.

Voy a darte dos consejos que pueden servirte: en primer lugar, si no quieres correr ningún riesgo, no metas más de 170 000 pesos; las sofipos cuentan con un seguro por parte del gobierno que se llama prosofipo, y el dinero de todos los inversores está protegido hasta esa cantidad. Si inviertes $200 000 y algo pasa, te regresan 25 mil UDIS, 180 mil pesos aprox., nada más. La segunda noticia es que con las sofipos no pagas impuestos hasta la suma de 175 000 pesos aprox. Gran *deal*.

Bienes raíces

Siguiente escalón de riesgo moderado. Estoy hablando de los bienes raíces. Si estás pensando en comprar una casa, te voy a dar un gran *tip*: enfócate primero en juntar el 20% de lo que cuesta la casa. Si el departamento de tus sueños cuesta un millón de pesos, la meta sería juntar $200 000. No tienes que pensar en el dinero completo, lo que vamos a hacer es invertir para lograr juntar ese 20%. ¿Por qué vamos a enfocarnos en este objetivo? Porque ése es el enganche que vas a necesitar.

Ahora, cuando quieres comprar un bien raíz y tienes este dinerito que apenas estás construyendo, hay de varias sopas: puedes invertir en cetes o en la sofipo o en un fondo de inversión para hacer que se

incremente poco a poco, o invertir en bienes raíces y que tu inversión vaya subiendo la misma plusvalía que el departamento que quieres comprar: Esto lo haces ahorita porque la casa que quieres también va a ir aumentado su precio con la inflación. Es mejor que estés preparado para ajustar tu presupuesto.

Los bienes raíces son una gran opción, pero no debes hacer de esto el fin de tu vida. Ese pensamiento es muy de mamá, que te dice que si no compraste una casa fracasaste. ¿Cuántas veces escuchaste que por lo menos debías tener un lugar donde caer muerto? El beneficio que tienen los bienes raíces es que el riesgo es bastante moderado considerando la plusvalía.

Voy a hablar del primer paso que debes dar si estás pensando en invertir en este giro, y son las fibras; ésta es una palabra que se relaciona mucho con la bolsa. Se trata de fideicomisos de infraestructura y bienes raíces.

¿Qué implica esto? La idea principal es que si queremos comprar bienes raíces y no nos alcanza, existe un fondo de inversión con muchos bienes raíces. Por ejemplo, una empresa como Fibra Educa compra un montón de escuelas en Monterrey y aprovecha la plusvalía que generan esos edificios para rentarlos al Tec de Monterrey. Lo que hace Fibra Educa es hacer fondos de inversión con las propiedades y las mete a la bolsa para que la gente compre un pedacito de ese espacio sin

que haya la necesidad de comprar el bien raíz completo. Si inviertes en ese pedacito del edificio te beneficias cada vez que el valor de la plusvalía sube, y además recibes más dinero de la renta que va generando.

Éste es un paso muy bebé, porque puedes comprar una Fibra desde $14 pesos. Literal, abres GBM+ en tu celular, buscas Educa 18 y compras tu primera fibra. Ten en mente que si compras muchas puedes tener mayores rendimientos. Está padre y es una buena opción para empezar. Si tienes 20 000 pesos, es un buen comienzo invertir ahí.

> **" Estas fibras se administran a través de un tercero, un intermediario de la bolsa que te las vende a ti. "**

Pueden ser a corto o mediano plazo, y puedes elegir si las quieres vender mañana; sólo tienes que saber que pueden cobrarte comisiones por esa transacción. La buena noticia es que está exenta de pagar impuestos. Yo utilizo VEST app para comprar mis REITS (Real Estate Investment Trust que son lo mismo que FIBRAS, pero en inglés, jaja), y si quieres comprar una FIBRA mexicana puedes usar GBM+.

Estas fibras se administran a través de un tercero, un intermediario de la bolsa que te las vende a ti. Pueden ser a corto o mediano plazo, y puedes elegir si las quieres vender mañana;

El siguiente nivel de este apartado es Crowdfunding Inmobiliario. Las opciones que te presento son 100 Ladrillos (México), Inverti (Colombia) y Crowdium (Argentina). Se parecen mucho a las fibras, pero no lo son; lo que hicieron fue mejorar el sistema, lo modernizaron. Son empresas privadas que compran edificios para

que tengas un cachito de ellos. Por ejemplo, estos amigos van a Villahermosa y compran el quinto piso de una empresa corporativa, luego un piso de una farmacia y luego una bodega en Michoacán y los ponen en venta.

Lo que hacen es vender pedacitos de estos inmuebles y tú puedes ser dueño o dueña de ese quinto piso en Villahermosa. Conforme va subiendo la renta sube tu acción, y como vayan cobrando más de las rentas empiezas a recibir más dinero. Hay una doble plusvalía cuando inviertes aquí.

Y si en algún momento quieres vender, puedes hacerlo con el cachito que compraste; sólo tienes que esperar a que suba de precio. Si lo adquiriste hoy a $2 300 y después de unos meses está en $3 300, ganas esa diferencia

Tienes dos formas de invertir aquí: una es comprar en preventa, cuando el edificio es nuevo y adquieres el espacio, pero para esto necesitas 13 000 pesos, o puedes buscar en el mercado secundario, donde le compras el lugar a alguien más; aquí es más barato porque puedes adquirir un ladrillo por 2 000 pesos.

¿Qué comisiones cobran aquí? Te cobran cuando te depositan lo de tu renta, y pagas una comisión cuando adquieres tu ladrillo.

Ésta es una buena inversión a mediano y largo plazo. No uses 100 Ladrillos si piensas vender en un año, o no vas a ganar mucho. A corto plazo puedes estresarte si tu ladrillo no subió lo que esperabas. Son objetivos a mediano plazo.

OJO: ¿Cuál es el riesgo de esto? Que puedes poner a vender tu ladrillo pero nunca te lo compren; no falta el gandalla que lo pone 1 peso más bajo que tú. Esto puede hacer que te tardes un poco más en vender. Ten en cuenta esto.

> Yo, por ejemplo, uso 100 Ladrillos, y no pienso sacar mi inversión en por lo menos 5 años. Puedes hablar a 100 Ladrillos y preguntar; ellos te responden y ofrecen edificios en los que puedes invertir, te dan un catálogo de opciones; eso está padre porque es un humano el que resuelve tus dudas y te guía para que sepas qué estás comprando. Además, está regulado por la Comisión Nacional Bancaria.

Siguiente opción: Copropiedades. ¿Ubicas los famosos tiempos compartidos? Es algo parecido, pero no es así; te explico. El *millennial* descubrió que no le alcanzaba para comprar una casa por sí mismo, y menos le iba a alcanzar para hacerse de una segunda casa. Pero no te agüites, porque no es imposible; con esta inversión puedes tener una copropiedad, lo cual significa que junto a otros tres humanos más te pones de acuerdo para adquirir una propiedad en conjunto.

NOT BAD

Y cuando se escritura la casa, tú eres dueño de la cuarta parte y nadie necesita del otro para vender su pedazo. De esta forma, compras una propiedad y no absorbes todo el gasto de ella. Además, el mantenimiento se divide entre todos.

Hay empresas que se dedican a hacer todas estas gestiones para que la gente no se meta en problemas. Te recomiendo una que se llama: Mitula; es un buscador de copropiedades y puedes encontrar empresas en Valle de Bravo y San Miguel de Allende. Ellos te dicen que tienen una casa amueblada esperándote y cuánto te va a tocar pagar a la semana. Y como un plus, tienes la opción de utilizarla una vez al mes.

La inversión implica que puedes rentarla cuando tú no estés ahí; por eso están en lugares que son destinos vacacionales, y si en algún momento quieres vender, vas a tener una ganancia por la plusvalía. Si pagaste por ella un millón, vas a poder venderla en dos millones. Yo siento que la copropiedad entre los *millennials* va a ser el futuro de las inversiones.

Avancemos y veamos qué nos ofrece la siguiente opción: terrenos. Yo tengo mi terreno en Grupo GEA. Te hablaré de cómo funciona comprar uno para que conozcas los pros y los contras.

El objetivo de esta inversión es que sea lo suficientemente barata para que la puedas comprar a corto plazo, y que tenga suficiente plusvalía para que puedas venderlo y este dinero lo utilices para el enganche de una casa.

Si hoy compras algo que cuesta 320 000 pesos, en tres años va a costar el doble. Probablemente no exista otra inversión con riesgo bajo que logre darte estos intereses.

¿Qué debes considerar para comprar un terreno? Algo muy importante y que cada vez me pasa más, es que señores o papás de mis *millennials* me cuentan: "Tengo un terreno en Pachuca que vale unos 800 000 pesos, es una gran inversión". Y en teoría, sí, cuesta eso, pero hasta que alguien no lo compre, ese lugar no vale nada. El problema es que compran lugares en medio del cerro, y para que ese espacio se urbanice, quién sabe cuánto tiempo puede pasar.

No sé por qué no se ha vendido mi terruño en San Juan de la Chirimoya.

NOTA: Recuerda, el terreno no vale nada hasta que alguien pague por él.

Yo personalmente compro terrenos en fraccionamientos. ¿Por qué? Porque comprar un terreno aislado requiere mucho trabajo para poder venderlo; puede pasar mucho tiempo para que un hotelero o un desarrollador piense en adquirirlo. Es algo que necesita mucho esfuerzo y se corre el riesgo de que alguien pueda invadirlo.

Eso no pasa con un terreno fraccionado, porque cuando te venden un pedazo de ese lugar; es porque legalmente hay un registro público de la sociedad que avala que ellos son dueños de ese cachito de tierra para poder venderlo. Eso evita el riesgo de que se generen fraudes.

Siguiente punto que tienes que considerar para invertir en un lugarcito: escoge la plusvalía. En bienes raíces, una buena plusvalía va del 20% al 25% al año; desconfía si alguien te dice que su terreno tiene más del 25%, seguro está exagerando.

Lo siguiente es ver dónde lo vas a comprar. A mí me gusta Yucatán, que además está explotando esto muchísimo; te venden terrenos apenas te bajas del avión.

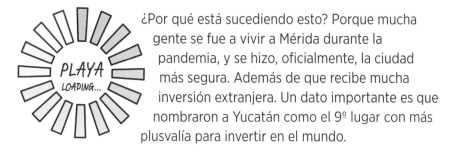

¿Por qué está sucediendo esto? Porque mucha gente se fue a vivir a Mérida durante la pandemia, y se hizo, oficialmente, la ciudad más segura. Además de que recibe mucha inversión extranjera. Un dato importante es que nombraron a Yucatán como el 9º lugar con más plusvalía para invertir en el mundo.

Es el único lugar de México que entra en esta lista y quiero explicar por qué sucede esto.

Te cuento: hace tres años compré un terreno en Mérida; en ese momento yo no sabía nada, y la falta de información me hizo comprarlo carísimo. Recuerdo que el metro cuadrado estaba en 3 500 pesos. Y esto tiene una razón, me prometieron las mil maravillas; ese lugar iba a tenerlo todo: el Anáhuac, un hospital, y todavía sigo esperando a ver cuándo va a suceder eso. Quieren que Yucatán sea un estado para construir en grande.

Y este es otro punto que tienes que considerar: cuando elijas la zona, no sólo veas el potencial que tiene, sino cómo se está desarrollando en la actualidad, porque nadie nos asegura cuándo van a comenzar a construir.

Y bueno, después de mucho *scouting* y varios terrenos comprados y vendidos, yo me quedo con Grupo GEA porque ofrece dos opciones interesantes para invertir: en la primera se basa en precios y en la segunda escucha tus necesidades.

En Grupo GEA, los terrenos que más me gustan se llaman Gran Telchac, porque están a 8 minutos de la playa, y los lugares están en preventa. Te van a entregar tu terreno en 3, 5 o 7 años. Además, tienen un desarrollo que se llama Punta Pelícano y son espacios para entregar en 20 años; es una inversión que tiene el gobierno, los lotes están en 50 000 pesos, pero es un tipo de inversión en la que te persignas y esperas que suceda todo lo que prometen.

Como extra, te ofrecen la posibilidad de comprarlo más barato, porque lo estás adquiriendo a un plazo muy largo.

> **Recuerda que lo más importante es que sean proyectos que puedas escriturar, para que avales que eres el dueño de ese terreno.**

La otra opción que ofrece Grupo GEA dentro de sus proyectos se llama Mahal: entregan el terreno en tres años y está a 20 minutos del centro de Mérida; es un lugar que está superdesarrollado. Si piensas invertir en un lugar cerca de la ciudad, ésta puede ser una gran opción; tiene muy buena plusvalía y en tres años va a costar 67% más.

Yo cuando compro un terreno con plusvalía.

ETF

Aquí se acaba el riesgo moderado en las inversiones y empezamos con algunas de nivel moderado/alto.

Si alguna vez pensaste en invertir en la bolsa porque viste a Leonardo di Caprio en *El lobo de Wall Street* diciendo "¡Véndelo todo!", los ETF son un buen inicio. Y te voy a hablar de una manera en la que puedes hacerlo y mitigar el riesgo que podría tener la bolsa. Un dato importante que tienes que saber es que nadie que se haya quedado mucho tiempo en la bolsa ha perdido dinero. La bolsa siempre va hacia arriba, pero requiere de mucho estómago para ver como zigzaguea, y un tropiezo puede causarte diabetes. Por eso, una de las formas de invertir es comprando ETF en lugar de comprar las acciones completas.

> **Un dato importante que tienes que saber es que nadie que se haya quedado mucho tiempo en la bolsa ha perdido dinero.**

El ETF es un intermedio antes de comprar acciones en la bolsa. Pero, ¿cómo funciona? Lo que sucede es que empresas muy famosas ponen a la venta cachitos de sus empresas; por ejemplo, te gusta Amazon y quieres tener una de sus acciones, que cuesta 1000 pesos, pero si mañana sucede algo y encarcelan al director de la compañía, tu acción va a costar 2 pesos, y ya valió sorbete tu inversión.

En cambio, con el ETF (Exchange Trade Funds) puedes invertir en todas las empresas de tecnología del mundo; es como si se juntara una acción con un fondo de inversión y tuvieran un hijo. Entonces compras un ETF que siga el comportamiento de esas empresas en particular, y si en algún momento se cae Amazon, estas afiliado a 500 empresas, lo que regula que llegue a caer el precio.

Comenzar a invertir aquí es muy sencillo, sólo tienes que saber cómo se llaman los ETF: hay de oro, de agua, de tecnología, de aguacate, de TODO.

> **"... con el ETF (Exchange Trade Funds) puedes invertir en todas las empresas de tecnología del mundo..."**

NOTA: Cuando hablamos de inversiones no sólo se trata de poner el dinero en donde sea; estamos apoyando algo. A mí personalmente me gusta hablar de ética, porque no voy a apoyar a una empresa que tiene fábricas donde se explota a niños, aunque le esté yendo muy bien. Te menciono esto porque tal vez no ha pasado por tu cabeza que tendrías que cuestionarte estos detalles. No sólo se trata de ver quién paga más, sino de saber que hace la empresa y cuál es su misión.

NO a la explotación infantil

Continuando con el tema, ustedes compran su ETF a 500 pesos, y cuando vaya subiendo pueden entrar a VEST y lo pueden vender; hazlo cuando esté más alto, no cuando sea más barato. Es una práctica recomendable antes de entrar a comprar acciones en la bolsa y es una opción si buscas más riesgo y que tus metas se logren a mediano plazo. Te recomiendo dejarlo ahí cinco años y olvidarte de que está ahí.

Fondo de inversión

La siguiente opción que quiero presentarte es una de las mejores ideas que alguien pudo tener, un güey (nada güey) pensó en esto: ¿Por qué no le pagamos a un experto que nos diga dónde podemos invertir, le damos una comisión y que invierta en todo aquello a lo que le está yendo bien? Sin duda, fue una idea ganadora.

Hay muchas empresas que se dedican a que la gente invierta en fondos de inversión. Éstas se acercan y te dicen: "Tengo un experto que va a recomendarte los mejores lugares para invertir, puede ser en empresas, ETF, fibras y criptos".

Lo único que tienes que saber es si te alcanza para entrar en el fondo de inversión y preguntar cuál es la comisión que recibirá el experto; para que te des una idea, una comisión superbaja sería del 1% al año, y una alta del 2% al año, ése es el parámetro.

Es importante que conozcas la clasificación de los fondos de inversión para que puedas solicitar el tuyo sin ningún problema. Se organizan por letras y números; las letras determinan la posibilidad de que sí te paguen lo que te ofrecieron en un principio, y el número te dice la volatilidad del precio que te van a pagar. Idealmente queremos que un fondo de inversión sea triple AAA 1.

Fondos de inversión[9]

RIESGO DEL CRÉDITO

Mide la seguridad de que paguen
lo que contrataste

AAA	Sobresaliente
AA	Alto
A	Bueno
BBB	Aceptable
BB	Bajo
B	Mínimo

El más seguro.

9 Clasificación de la CNBV.

Es importante que conozcas la clasificación de los fondos de inversión para que puedas solicitar el tuyo sin ningún problema.

RIESGO DEL MERCADO

Mide la volatilidad del precio ante tasas de interés

1	Extremadamente baja
2	Baja
3	Entre baja y moderada
4	Moderada
5	Entre moderada y alta
6+	Alta

El más seguro.

Hay muchas opciones para que empieces con fondos de inversión: VEST, Skandia, Bancos, Citibanamex, BlackRock.

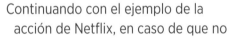

Acciones en la bolsa

El siguiente nivel son las acciones directas en la bolsa. Aquí ya estamos en un terreno riesgoso que implica que vas a comprar acciones directamente de las empresas; por ejemplo, si compras una acción de Netflix y cuesta 14 000 pesos, y mañana cae, todo se pierde. Por eso es importante diversificar nuestras inversiones. Los lugares donde puedes comprar en la bolsa son: VEST, que está regulada en México y Estados Unidos, y no necesitas ser mexicano para tener una cuenta. También en casas de bolsa como Finamex o Plus500.

Continuando con el ejemplo de la acción de Netflix, en caso de que no te alcance para comprar la acción de $14 000, puedes adquirir un pedacito por $20 pesos. Esto lo puedes hacer desde GMB o Flink. Para este tipo de inversiones se requiere mucha dedicación, por eso te sugiero entrar a un fondo de inversión y pagarle a alguien para que sepas lo que estás haciendo.

Criptomonedas

Finalmente llegamos a lo más alto en lo que respecta a riesgo: las criptomonedas. ¿Qué son? Son monedas digitales que se crearon en 2009, no se sabe con exactitud quién, y se expiden y se minan a través de servidores. Las puedes comprar a través de aplicaciones como VEST, que también tiene cripto o Bitso. No están reguladas por nadie, nadie las vigila y sólo hay un número determinado de criptomonedas. Como dato importante, si invertimos en oro, no sabemos cuánto sobra de ese mineral; en cambio, con las cripto sí conocemos cuántas hay, y una vez que se terminen de minar, sólo se van a revender en el mercado.

> **Tienen muchísima volatilidad porque nadie las regula, son un acto de fe, y sólo si creemos en ellas van a tener un valor. Si mañana alguien comienza a sospechar, se van a ir a la fregada. Fluctúan tanto que así como puedes despertar con el doble de tu dinero, puedes quedarte sin nada.**

Yo te recomiendo otras cosas; hay muchas opciones en el camino del señor que pueden darte mayor estabilidad financiera. En esta opción sólo pon el dinero que estés dispuesto a perder y espera.

Out of the box
Si eres de los que piensan fuera de la caja y quieres

seguir tu propio camino, te voy a dar opciones.

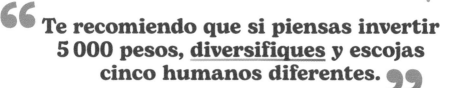

Por ejemplo, hay otra opción de *crowdfunding* que no está sujeta a inmuebles. Básicamente, alguien pensó: "¿Por qué necesitamos a los bancos para que nos hagan préstamos, si podemos hacerlo desde una plataforma digital?". Entonces, si Lupita Pérez necesita dinero y Claudia Hernández quiere prestárselo, el banco entra como mediador y se queda con todos los rendimientos y a Lupita le cobran comisiones. La solución fue ir al grano, y se formaron plataformas como yotepresto.com, que encuentran personas como tú o como yo que necesitan dinero.

Lo que hace esta aplicación es auditar a los solicitantes, comprobar su buró de crédito, etcétera, y comienza a filtrarlos para determinar quiénes sí van a pagar la deuda. Esto es para gente como nosotros que quiere invertir, y lo maravilloso de esto es que a la persona que pide el dinero le costaría la mitad de lo que pagaría con un crédito en el banco, y a nosotros inversores, nos pagarían el doble de lo que nos darían en el banco.

Es una opción en la que nos beneficiamos sólo por quitar al banco de en medio. Todo se escucha muy bien, pero ¿de qué vive esta plataforma? Le pide una comisión a la gente que solicita el préstamo; a los inversionistas no nos solicitan nada. Cabe mencionar que yotepresto.com es una plataforma regulada por las autoridades financieras, lo cual brinda seguridad a quienes la usan.

> **Te recomiendo que si piensas invertir 5 000 pesos, diversifiques y escojas cinco humanos diferentes.**

No lo prestes todo a una sola persona. Si mañana Sofía no tiene para pagar, no pierdes todo tu dinero. Pero ¿qué pasa si las personas dejan de pagar? La aplicación yotepresto.com se encarga de perseguirlos y mandar a sus abogados.

El riesgo es moderado, sólo tienes que considerar dos cosas: uno, si tienes ganas de invertir, tal vez no encuentres muchas opciones para hacerlo, y dos, la gente pide plazos muy largos para pagar. Vas a recuperar tu dinero en un lapso de 2 a 3 años. La tasa de interés es muy buena, yo no le digo que no.

La siguiente alternativa es similar a la que te acabo de platicar, pero es entre empresas. Las opciones que tienes para ello son: Fundary y Propeler, ¿Cómo funcionan? Imagina que una papelería necesita dinero para comprar sus monografías, y nosotros somos los inversores que proporcionamos ese apoyo.

NOTA: en esta opción se necesita invertir desde $10 000, la vara es un poco más alta.

Invertir en arte y educación

Supongamos que ya tienes tu copropiedad, tu terreno, tu casa y es el momento de invertir en arte. Esta opción tiene mucho riesgo porque no sabes quién se va a convertir en el siguiente Salvador Dalí. Existen plataformas donde puedes comprar pinturas; como te había dicho antes, inviertes en lo que crees, y si te gusta el arte, ¿por qué no hacerlo en este rubro?

Estas plataformas te dan una lista donde te dicen que Fulanita tiene algunos cuadros y está por terminar su exposición, y que tal vez, cuando termine su trabajo, valga más. Lo bueno que tiene esto es que es algo tangible, y que el cuadro llega a tu casa.

Si en algún momento quieres vender, puedes entrar a plataformas como BBuzzArt o SaatchiArt para poner tu cuadro a la venta; son inversiones a mediano y largo plazo. Estamos apostándole a la carrera profesional de un individuo.

> **Estamos apostándole a la carrera profesional de un individuo.**

Puntos rápidos para hacer una estrategia y *tips* de inversión

(1) Las ganas son importantes, pero, ¿ya estás listo para invertir?

(2) Conócete a ti mismo, sé honesto contigo.

(3) Define tus metas, escríbelas, sé realista y enfócate en lo que quieres conseguir.

(4) Asigna un perfil de riesgo a cada meta.

(5) Edúcate, asesórate, es clave para disminuir el riesgo.

(6) Cuestiona:

    A. Nivel de riesgo

    B. Clasificación/categoría: es fondo, terreno, fibra, etc.

    C. Objetivo. ¿Qué pretendo lograr?

    D. Naturaleza. ¿De dónde sale y en qué invertirlo?

    E. Monto de inversión. Cantidad mínima solicitada y mínima para mantener.

    F. Plazos.

    G. Proyección de rendimientos. ¿Están garantizados?

    H. Comisiones. Monto, base, frecuencia.

    I. ¿Está regulado?

    J. Historia. Pide referencias pasadas.

OJO: Diversifica por lo menos en 5 inversiones diferentes. Es importante que estén reguladas, esto no es un acto de fe. Sé paciente. Busca un interés compuesto; considera reinvertir lo que vas ganando.

VIAJES

Voy a recomendarte algunas apps que pueden ayudarte para hacer realidad esa escapada de la ciudad que tanto has estado esperando. La primera es **Skyscanner;** si tienes un dinero extra y quieres viajar sin importar el destino mientras abandonas la rutina godín, ésta es la app que buscas.

Usa este hack:

- Pon las fechas en las que quieres viajar.

- Selecciona el lugar de salida.

- En destino selecciona "cualquier lugar".

Siguiendo estos pasos te saldrán los boletos de avión más baratos que hay en esas fechas, para que logres ser esa alma viajera que tanto deseas.

Momondo. Si estás cazando vuelos con fechas específicas para escaparte de la ciudad, ve descargando esta app. Porque te da la facilidad de programar las fechas y el destino, y cuando baje el precio de los boletos te mandará una alerta para avisarte que están en el precio más bajo. También te muestra la estadística de precios, por si te conviene comprar en ese momento o esperarte.

Visit a City. Esta app es lo mejor del mundo para organizar tus viajes a lugares desconocidos. Descárgala en tu celular, elige el lugar que quieras visitar y escoge uno de los planes que ofrece, entre algo leve, ajetreado o lleno de actividades.

> **NOTA:** Descarga el itinerario para evitar gastar tus datos mientras estás de viaje. La app planea tu itinerario automáticamente según la distancia del hotel en el que te hospedas.

Tarjetas de crédito. Recuerda que hay tarjetas que te ayudarán a tener mejores precios, *cashbacks* o descuentos en hoteles y vuelos. En Adulting utilizamos:

- Rappicard para comprar vuelos nacionales, por el *cashback*.
- American Express para rentar autos, vuelos internacionales y los descuentos en hoteles de casi el 20%. Aparte puedes comprar un seguro médico en el extranjero por día, es superbarato y te cubre el equipaje en caso de pérdida en el vuelo.
- Invex Volaris para obtener puntos Volaris y no pagar el *carry on*.

Lo primero que haré será definir qué es un lujo: es ropa, accesorios, joyería, bolsas, relojes, etcétera, cosas que no entran en tus necesidades pero deseas adquirir. Lo importante es saber cómo lograr ser una persona responsablemente financiera mientras te das tus gustos. Éste es un tema muy personal y depende de lo que sea relevante para ti; por lo tanto, es algo subjetivo. Y está perfecto mientras no rebases tu presupuesto básico.

> **OJO: Si no tienes tu fondo de emergencia, es impensable que gastes la quincena en unos calcetines Gucci color caqui.**

Tengo que ser muy enfática en esto porque es un beneficio y un gusto para ti que implica que tengas tus prioridades en orden para que puedas disfrutar de tu dinero.

No quiero decir que gastar en videojuegos esté mal, sino que debes saber qué quieres realmente. Al final, el dinero es de quien lo trabaja y se tiene que gozar. Nadie va a juzgar qué estás comprando. No creas lo contrario, es algo que te determina como persona, sólo hazlo con responsabilidad.

Lo que te recomiendo es que sepas bien qué quieres; muchas veces solemos comprar cosas por impulsividad o por presión social; ves que todos están usando eso y crees que lo necesitas. Y apela a algo que ni siquiera te gusta a ti. No podrás negarme que alguna vez gastaste en algo no planeado y te llegó la culpa, o te sentiste mal porque implicó un gasto que no necesitabas hacer.

NOTA: Si para comprar un lujo necesitas que esté a meses sin intereses, no te alcanza para comprarlo. Te sugiero que tengas el dinero total del producto antes de pagarlo a meses sin intereses. Por ello te recomiendo que ahorres y que intentes no pasarte de ese 20% de lujos que te da tu mes, para que mantengas tu presupuesto saludable.

Es mejor darte unos meses para completar el dinero, a después no saber cómo terminar de pagar lo que compraste. Intenta también que comprar un lujo sea una inversión, y que al menos puedas recuperar algo de lo que pagaste. Tienes la opción de revender las cosas que ya no usas. No sólo se trata de ver cuál marca es la mejor, sino cuál tiene mejor calidad. Elegir la pieza que quieres viene de un lugar más profundo del que se cree; aquí está la diferencia entre valorar tu esfuerzo o tirarlo a la basura. Sé inteligente.

> **Es mejor darte unos meses para completar el dinero, a después no saber cómo terminar de pagar lo que compraste.**

Otra opción es comprar algo usado; así como puedes vender algo, puedes recomprar algo. Es un gran *hack*. Es un artículo que adquieres depreciado; puede ser que encuentres la bolsa que tanto quieres con un 40% de descuento. Hay muchas páginas que se dedican a hacer esto.

Siguiente estrategia: Para cuidar tu 20% de lujos, vende lo que ya no uses para comprar cosas nuevas. Es una manera de ahorrar y optimizar tus pertenencias. Esto te va a ayudar a hacer espacio. Piensa en reutilizar ese dinero que tienes estancado en ropa, bolsas y relojes.

Otro gran *hack* es comprar cosas de lujo con el dinero de tus inversiones, esto no quiere decir que siempre lo vas a hacer así, pero si lo quieres hacer, tienes la posibilidad. Por ejemplo, metiste a invertir tu fondo de emergencia por un año, y se juntó una buena cantidad de dinero; con esto podrías ayudarte a solventar algunos lujos.

> **OJO: PREGÚNTATE POR QUÉ LO QUIERES COMPRAR. Y COMPRA COSAS QUE TE GUSTEN UN MONTÓN.**

Espero que los consejos que has leído en este breve libro no te entren por un ojo y te salgan por el otro.

De cualquier forma, <u>siempre</u> cuentas con adulting.mx, donde con gusto podemos asesorarte para que logres tus metas.

Recuerda que es importante **balancear lo que gastas y lo que ahorras para alcanzar un patrimonio, planear bien qué hacer con tu dinero y administrarlo con buen** *cookie* **para manejarlo como un verdadero adulto.**

CONTRASEÑA: adultingmequiere